美国教育面面观

一位特级教师眼中的美国教育

MEIGUO JIAOYU MIAN MIAN GUAN
YI WEI TEJI JIAOSHI YAN ZHONG DE MEIGUO JIAOYU

邵淑红◎著

江蘇鳳凰教育出版社
Phoenix Education Publishing, Ltd

图书在版编目（CIP）数据

美国教育面面观：一位特级教师眼中的美国教育 / 邵淑红著．—
南京 ：江苏凤凰教育出版社，2017.7

ISBN 978-7-5499-6720-9

Ⅰ.①美… Ⅱ.①邵… Ⅲ.①教育研究—美国 Ⅳ.
①G571.2

中国版本图书馆 CIP 数据核字（2017）第 187847 号

书　　名　美国教育面面观——一位特级教师眼中的美国教育
作　　者　邵淑红
责任编辑　雷利军　李媛媛
出版发行　江苏凤凰教育出版社（南京市湖南路 1 号 A 楼　邮编 210009）
苏教网址　http：//www.1088.com.cn
照　　排　北京世纪鸿文制版技术有限公司
印　　刷　三河市九洲财鑫印刷有限公司
厂　　址　河北省三河市灵山大口
开　　本　787 毫米×1092 毫米　1/16
印　　张　16.25
字　　数　275 千字
版　　次　2017 年 12 月第 1 版　2017 年 12 月第 1 次印刷
书　　号　ISBN 978-7-5499-6720-9
定　　价　35.00 元
网店地址　http：//jsfhjycbs.tmall.com
邮购电话　025-85406265，85400774　短信　02585420909
E - mail　jsep@vip.163.com
盗版举报　025-83658579

序

面向世界：学校教育实践者应有的视野

众所周知，我们今天所处的时代，是一个世界各国之间经济、文化交往与联系愈益紧密，人类正日益发展成为一个“命运共同体”的全球化、智能化的新时代。面对这样一个全新的时代，每一位学校教育工作者都无可回避地会面临着一系列前所未有的新挑战、新任务，都需要改变自己年复一年毫无改变的职业习惯和职业惰性，需要摒弃夜郎自大、故步自封的狭隘目光，而以一种全新的姿态和一种更为开阔的教育视野，从不同文化背景下的世界各国的学校教育实践中汲取有益的养分，获得智慧的启迪，并结合自身的实际，能动地将其转化为一种可以有效破解新形势下学校教育实践中形形色色的新问题、新挑战的催化剂。我认为，这正是当下我国学校教育处于新旧教育范式转型期期间每一位学校教育工作者都急需历练和具备的一项基本素质。

事实也确实如此。当下，我国的学校教育改革已进入“深水区”，我们所面临的诸多亟待破解的深层问题，其实世界其他各国也不同程度地同样面临着，譬如，教育平等问题、学生个性发展问题，以及全球化、智能化时代学生急需拥有的创新能力、合作能力、跨文化理解能力的培养，着眼于未来的国际竞争力如何奠基等问题。由是，世界各国教育相互影响、相互依存的程度也便呈现出不断增强的态势。在这种背景之下，世界各国特别是发达国家所探索、积累的一些先进的教育经验，包括所曾经历的教训，对我们来说都具有着重要的提醒和启迪意义，值得我们认真研究和汲取。因此，学校教育工作者就需要拥有一种面向世界的意识，积极参与教育的国际交流活动，重视借鉴、学习他国之长，以促进我国学校教育的不断改革与创新。正是基于这样的认识，所以当我收到并通读了邵淑红老师发来的这部以一位中学一线教师的视角，记述她在美国访学时的所见所思的书稿之后，颇有一种“及时雨”的感觉。我认为，她在书中所观察和介绍的美国中小学办学实践中的许多做法，对于正处在转型改革关键期的我国的基础教育来说，无疑有着重要的参考价值。

本书的内容正如其书名一样，涉及学校制度与管理、课程与教学、校长与教师的专业化发展等多个侧面，确实堪称“面面观”。在我看来，该书与其他同类书籍相比，所具有的一个突出特点在于，邵老师所选取的观察视角更加切合我国中小学，尤其是高中所面临的改革实践紧迫之需。譬如，如何实施选课走班制、如何指导学生进行职业生涯规划等，这些问题都是我国普通高中刚刚开始“试水”并面临着诸多困惑的新课题，因而具有非常直接的借鉴意义。不过，相对来说，书中让我印象最深和受到启迪最大的，还是作为一所学校究竟如何去做才能真正称得上是“以人为本”。在书中，邵老师着墨较多的内容主要有两个方面：一是关于美国学校中对于残障学生及其他有特殊需要的学生的教育问题；二是美国学校中丰富多彩的课程与活动的开展。前者让我们充分感受到了美国学校教育所秉持的“不让一个孩子掉队”和全纳教育的理念，后者则让我们深刻感悟到了什么才叫实实在在地促进学生实现“全面而有个性的发展”。我觉得，这两者恰恰就是他们对于“以人为本”这一具有共识性的普适教育理念最清晰、最明确的诠释，理应引起我们的高度关注和思考。另外，邵老师还记述了当下我国与美国学校同样面临着的一些现实的困惑、难题（如近年来日益引发社会关注的校园欺凌问题等），注意深度了解美国学校所采取的相关举措，并进行对比、反思，努力寻找有效的破解思路，让我们强烈地意识到运用法律手段加强学校管理的重要性和必要性。当然，作为一名教师，邵老师还特别关注了美国教师的专业化发展问题，她向我们介绍的美国中小学教师专业化发展和课堂教学的诸多做法，同样给我们以颇为有益的启迪。总之，邵老师紧密结合我国学校教育改革与发展中面临的诸多现实问题，有针对性地选取和着重介绍美国中小学的教育教学实践中的“它山之石”，从“他者”那里获取对我们颇具实际借鉴意义的“接地气”的思路，从而使我们明白要有效应对一系列新问题和新挑战该从何处入手，可以说，这就是本书最重要的特色与价值之所在。

此外，通读本书，还让我更加强烈地感受到：正如前面已谈到的，处在当今全球化、智能化的新时代，面向世界，着眼未来，拥有一种开阔的国际视野和世界眼光，不仅是中国学生发展的重要核心素养之一，也同样应当成为教师专业素养中不可忽视的核心要义之一。因为，若要使我们的学生能够在未来具有较强的国际竞争力，其必不可少的一个重要前提，就是教师必须首先能够主动“开眼看世界”，善于博采众长，吸收其他国家、其他民族的教育之长来改进我们自身的教育之短，这样才有可能培养我们学生从小就胸怀祖国、放眼世界，成为具有家国情怀和国际意识，并在未来激烈的国际竞争中挺立潮头的现代化人才。我认为，在这一点上，邵老师可谓是用她所著述的这本书，为我们树立了一个榜样。从本书中我们可以清楚地看到，作为一名中学英语教师，邵老师并不是将自己的目光仅仅局限于英语学科教学的狭小范围之内，而是将目光更多地投向了学校教育如何才能落实教育平等、如何才能更好地全面育人等更为宽阔的问题上。在她对在美国中小学所遇到的每一个教育现象或细节进行细致观察的背后，都伴有对我国学校教育、对自身教育实践的审视与反思。更可贵的是，她在对中美两国的基础教育进行比较时，态度既不是妄自菲薄，更不是妄自尊大。我认为，这种理性的实事求是的专业态度，正是当下为数不少的心态浮躁的学校教育工作者最需学习和应当具备的。

我与邵老师因齐鲁名师建设工程而相识已有数年，据我所知，她之所以能够从一位普通的中学英语教师成长为一名专家型的“齐鲁名师”和山东省特级教师，再成为一个地市高中教学研究机构的专业工作者和负责人，并带领她的团队屡创教研佳绩，与她多年来一以贯之的勤奋、刻苦和执着的敬业精神是分不开的。这本书的出版，本身就是一个最好的明证。她非常珍惜赴美学习交流的机会，访学期间的每一天，无论多晚，她都将自己的所见所感、所思所想及时记录下来，整理成文，并最终累积成这样一部有分量、有价值的书稿。我想，如果她不是对于自身所从事的教育这个职业拥有一种发自内心的热爱与情怀，如果她本身没有一种面向世界的开阔视野与进取意识，那么要想在短短20多天的时间内，就取得如此之多的思考与收获，恐怕是难以做到的。所以，在感慨之余，我也衷心期盼能有更多的学校教育工作者能够像邵老师一样，既立足本土、脚踏实地，同时又能以更广的视野放眼世界、面向未来，并不断自觉地检视和改进自己的教育教学实践行为，以培养出更多的符合时代发展需要的现代化人才。同时，我也有理由相信，邵老师一定能够在自己的工作岗位上继续取得更多更好的专业成就。

邵老师约我为此书作序，我自知学识浅陋，难以担当，但难却邵老师的盛情，所以只好勉为其难地谨以上面这些粗疏的文字来姑且代之了。因此，不当之处，还请邵老师及各位读者批评指正，谢谢！

齐　健

2017 年 11 月

（齐健，齐鲁师范学院教授，教育部基础教育课程教材专家工作委员会委员。）

自　序

2010 年 1 月 18 日至 2 月 7 日，我们山东省第二期齐鲁名师建设工程人选赴美培训团一行 25 人去美国康涅狄格州（以下简称“康州”）进行了为期三周的培训学习。我先后在两所高中——布瑞斯托东方高中（Bristol Eastern High School）、伍得兰德地区高中（Woodland Regional High School），一所初中——郎瑞沃初中（Long River Middle School），一所小学——斯坦福德小学（Stafford Elementary School）及一所幼儿园跟岗见习，还参观了哈佛大学、麻省理工学院、普林斯顿大学、耶鲁大学、西点军事学院五所大学。从幼儿园到高中，我共观课 48 节，涉及英语、阅读、数学、科学、社会、历史、体育、音乐理论、合唱、戏剧表演、美术、心理、健康、工程设计、雕刻、摄影、广告设计、烹调、工作应聘指导、拉丁语、西班牙语、法语、特殊教育等学科；与督学（superintendent）、校长、教师等人座谈 20 余次，在课堂上与学生互动 8 次。在这次赴美培训学习中，我的英语口语和听力得到了很好的锻炼和提高。

2001 年 1 月，时任美国总统的乔治·布什发表了题为《不让一个孩子掉队》（*No Child Left Behind*）的教育计划。随后，该教育计划从一种理想发展成为一项法案，进而慢慢演变成教育行动的信念。它在美国深入人心，每名学生都有权利受教育，不论学习能力如何，不论是否残疾，都一样受到同等条件的教育，这建立在一个人人平等的基础上。

2015 年 12 月，时任美国总统的奥巴马签署了《每一个学生成功法案》（*Every Student Succeeds Act*），以取代已经施行 10 多年的《不让一个孩子掉队法案》。

中美两国在中小学生能力上、书本知识上所表现出来的差异，是由教育的不同方式决定的，而教育的不同方式又是由不同国情决定的。两国有着不同的人口基数、不同的文化背景、不同的社会历史发展进程、不同的经济实力，这是导致教育差异的根本原因。

总之，我们的美国之行令人难忘又耐人寻味。当前山东省教育厅所倡导的选课走班模式正在进行中，美国之行让我们对这一模式坚定了信心。我们相信，未来的高考绝对不是一考定终身，而会像美国那样有更多的选拔标准。如今，我国已经出台了新的高考制度，能赋予学生更多的选择权。中美教育各有优劣，我们需要做的是将美国教育的长处学到手，同时弥补我们自己的教育缺憾。只要我们认真吸收、借鉴美国的先进教育经验，充分发挥自己的优势，进行有效的尝试，从而办出自己的特色，我国教育改革的道路一定会越走越宽。

2014 年 5 月，我的女儿从美国梅西赫斯特大学本科毕业，获得数学和金融双学位。我为参加女儿的本科毕业典礼，有幸又一次踏进美国的大学校园，又一次感受了美国的教育。2016 年 5 月，女儿从美国罗格斯大学数学金融专业硕士研究生毕业，又恰逢罗格斯大学建校 250 周年纪念，时任美国总统的奥巴马亲临学校进行了演讲。听了演讲，我感受颇深，于是重读了自己 2010 年美国之行的博文和日记，决定将它们整理成书，使读者与我一同走入美国学校，全面了解、深刻感受美国教育。

目　录

美国
学校管理篇

初识美国教育

2010年1月18日至2月7日，我们一行25人去美国康州进行了为期三周的培训学习。到达康州的第二天上午，中美康州姊妹学校的项目执行人葛丹先生在宾馆热情地接待了我们，为我们详细介绍了美国的教育情况。我们每人还收到了一枚代表康州的纪念币。

据葛丹先生介绍，美国学校的年级是这样划分的：小学为一至六年级，初中为七至八年级（相当于中国的初一、初二），高中为九至十二年级（相当于中国的初三到高三）。

美国教育有以下几方面特色。

1. Small Class Sizes（小班教学）

美国的教室不大，每个班的学生一般有20人左右。这里同时也是学科教师的办公室，教师可以根据需要来装饰属于自己的这块领地。教师的办公桌大多摆在教室的前面，有的放在教室的后边。计算机，书及书架，上课所需的工具、器械、材料等应有尽有。有的教师还将小冰箱、鱼缸等在中国教室不可能出现的东西放在教室里。而且，教室的所有空间都被鼓励性的话语、名言警句、学生的作业所占据了，进入教室就仿佛进入了童话世界，从幼儿园、小学到初中、高中的教室都一样。即使是有固定办公室的管理人员，他们的办公室也充满了家庭的温馨，家人的照片随处可见，有趣的工艺品、漂亮的小礼物摆满了窗台、书架，即使是校长的办公室也不例外。

2. Student-centered Instruction（以学生为中心的教学）

美国的教育是以学生的发展为中心的。学生在课堂上可以自由地表达自己的想法，教师时刻关注着学生在学什么，学得怎样，是否明白。师生上课可随时、随便交流。教师鼓励学生成为自学的学生，注重培养学生的自学能力，鼓励学生主动学习。

3. Individualistic Behavior and Expression（个性化行为和表达）

美国教育强调个性化发展、自由发展，鼓励学生保持自己的特色。学校一般没有统一的校服。有的女生穿着暴露，染发、扎鼻环都可以。

4. Students Move between Classes（走班）

学校采用走班制，学生没有固定的教室。与我们不同，美国的教师是在教室内等学生来上课，而不是学生在教室内等教师来上课。

5. Time and Task Learning（时间与任务学习）

学生在规定的时间内，根据学校目标进行学习、探讨和研究，始终强调学习时间的重要性，没有午休时间，换课时间比较短（3～5 分钟），保证学生把在学校的时间都用在学习上，把时间看得比较重。

6. School Bus（校车）

在美国，由专门的校车公司提供全国统一的学生免费乘坐的黄色校车。不同学段的上课时间不一样：高中生 7 点 30 分到校，下午 2 点 30 分离校；初中生 8 点到校，下午 3 点离校；小学生 8 点 30 分到校，下午 3 点 30 分离校。这样可以合理使用校车。遇有雨雪天气，校车可提前接学生放学。

7. Flexible School Furniture（灵活的学校桌椅）

教室里的桌椅以学生的活动为依据灵活安排，而不是像我们的那样，一排排地固定不动。

8. Students' Lockers（学生储物柜）

学生因为没有固定的教室，所以在走廊里都有自己的储物柜用来储存自己的东西。储物柜外面不得随意涂画，但对其内部可以根据自己的爱好加以装饰。下课后，学生会到储物柜里拿取自己所需要的东西。

9. Required and Selected Lessons（必修课和选修课）

美国教育坚持必修课与大量选修课相结合，旨在培养专业精、知识面广、发展全面的学生。除了英语、数学、科学等必修课外，大量的选修课，如西班牙语、拉丁语、法语、音乐、美术、表演、摄影、服装设计、电脑应用、乐器、汽车修理、军事、烹调艺术等为学生提供了广阔的选择空间。虽然选修课不计学分，但对于培养学生兴趣、开拓学生视野、发展学生特长极其重要。同时，那些高智商的精英学生又能根据自己的兴趣广泛选择一些课程来学习，做到有课可学、有事可做，从而保持了必要的学习压力和动力。此外，体育课是考查课，不计学分，但每学期考查学生必须及格，否则不允许毕业，以保证学生真正做到德、智、体、美等方面全面发展。

10. Three Step Tests（三阶段测试）

在美国，每学期的考试分三个阶段，即期初考试、期中考试和期末考试，考试中，教师更注重学生的动手能力和创新能力。学生期末的最后成绩是教师根据学生的阶段测试成绩、作业完成情况、课堂表现及出勤等综合测算得出的。另外，学生还要参加州的高中统一会考，并且每科都要及格才能拿到高中毕业证书。在美国，小学和初中的积分方式为四分制，一、二、三、四分别代表差、中、良、优。到了高中，学校采用百分制，所有学生的成绩都被量化成具体的分数。学生高中期间各科成绩的总平均分值，即平均积分非常重要。谁的平均积分高，谁自然就在学术上排在了前面。在学校的毕业典礼上，毕业生中平均积分最高的两位同学有机会与校长同台在典礼上发言，这也是一个很高的荣誉。在大学录取高中毕业生时，虽然有学生学术能力测验作为参考，但有的大学更看重学生所在的高中学校及该学生各科的平均积分。

11. Colorful After-class Activities（丰富的课外活动）

美国学校的课外活动丰富多彩，鼓励学生服务社会、回馈社会，培养学生的公民意识和社会责任感。每天放学后学生就可以回家了，但是参加学校各种俱乐部的学生可以留下继续参加活动。学校有各种各样的俱乐部，如各学科的文化活动俱乐部、各种体育运动俱乐部等。另外，学校鼓励学生做义工，让他们深入社区的医院、敬老院、图书馆等开展服务工作，并取得相应的服务工作证书，从而丰富他们服务社会的经历，培养他们的社会责任感。这既是准予毕业的要求之一，也是大学录取学生时的指标之一。

12. AP Lesson（AP 课程）

美国高中最后一年广泛开设 AP 课程，即大学预修课程。它是由美国大学理事会（The Collage Board）统一组织，由其会员校（大学和中学）实施并任课的大学学分课程。其命题和考试由大学理事会统一组织实施。在经过大学理事会的论证批准后，学生如通过考试，便可提前获得大学学分。谁修的 AP 课程更多，谁竞争进入名校的机会就更大。

13. Teachers' Pressure（教师压力）

美国教师的压力比较大，每天必须上 3～5 节课，并且是不同层次、不同内容的课。课堂模式一般是上课前让学生知道这节课的目标，提出几个涉及本节课内容的问题，然后让学生进行讨论，先假设后验证，课后作业大都是论文、课题研究。教师批改作业的难度比较大。

14. Face to All（面向全体学生）

学校不仅有责任提高学生的整体学习成绩，也重视贫困家庭的学生、少数族裔的学生、学习暂时落后的学生和残疾学生等。除授课的教师外，教室里会经常出现 1～2 名教师，他们不是辅导学生学习，而是照顾个别残疾学生上课的。他们一对一地全天跟踪、照顾这些学生的学习和生活。

初观友好学校——布瑞斯托东方高中

布瑞斯托东方高中共有九至十二这四个年级，有 1300 多名学生，80 多位教职工，1 名校长，2 名助理校长（相当于我国的副校长），这在当地已经属于较大的学校了。2004 年，该校的 Everett Lyons 校长亲自与我曾经工作多年的学校——山东淄博实验中学签署了两所学校成为友好学校的协议。

美国校长主要的任务是面对每位教师做出课程安排，填写当天的评估报告。助理校长直接面对学生和家长，一人负责 Blue House 及教务安排，另一人负责 Grey House 及考试安排。Blue House 和 Grey House 都是针对需要特殊教育的学生进行辅导的场所。Blue House 由 4 名特殊需要指导教师负责，Grey House 由 3 名特殊需要指导教师负责。按照学生姓名的前 1～2个字母，每人负责 200 余名学生，不分年级和性别。

和特殊需要指导教师座谈

在美国，对需要特殊教育的学生的研究是一门课程，研究这类学生的教育就是特殊需要指导教师的专业。这些教师不上其他任何课程，他们不是兼职教师，也不是职员，而是一些在心理分析、心理指导、教育学等方面非常专业的高学历的教师。他们对需要特殊教育的学生按照预约的时间，准时单独辅导，这就是他们的课。

和在图书馆学习的学生交谈

和教师们交流完之后，Lyons校长向我们介绍了学校的基本情况，还安排了一个非常优秀的小姑娘 Morgen 领着我们参观了学校的图书馆、计算机室、餐厅、教室、指导教师办公室等处。在图书馆，我们看到十几个学生在做作业、复习功课。我与其中一名学生进行了简短的对话，原来这节课是他们的 free time，可以自由安排，没有教师看管。图书馆非常安静，学生都在认真学习。

图书馆墙上的两张海报引起了我们的注意，均是由学生社团俱乐部制作的。一张的内容是倡导大家于1月22日在体育馆献血来挽救一个身患重病的女孩 Jamie Botton 的生命；另一张是引导学生远离毒品的公益海报。海报上，女孩 Jamie Botton 天真可爱的笑容与学生对生命尊重的态度相得益彰，不由得让我们驻足凝思。

计算机室里，教师为学生打印的选修课课件、讲义稿表明了教师对学生的细致程度。在餐厅里，我们看到十几个学生在等待考试，有一名教师和一位警察在维持秩序。一张有关校规的图片引起了我的注意，图片上印着手机和大脑，意思是在学校要关闭手机，启用大脑。对比我国很多口号类的内容，这个口号更加形象生动，令人难忘。

校园中的警察

在参观布瑞斯托东方高中时，我时常看到警察在校园内走动。我很纳闷，就问 Lyons 校长，他只对我简单地说了一句：“主要避免校园暴力事件及学生吸毒。”警察有时也帮助教师维持秩序，我曾经就看到一位警察在候考室里维持秩序。

据报道，一名 22 岁的警校毕业生 Alex Salinas 在美国加利福尼亚州（以下简称“加州”）中部某所高中卧底 8 个月，终于破获了跨校的贩毒集团，一举逮捕 12 名学生毒贩。由周星驰主演的喜剧电影《逃学威龙》在美国真实上演!

我忽然想起多年前带领高三学生做过的一篇完形填空中的一道题：

The students are forbidden to take ____________ to school.

A. telephones　　B. drugs　　C. medicine　　D. clothes

此题的答案是 B，即带毒品到校是被禁止的。可我国的学生不了解美国的这一文化背景，所以大部分学生选择了 A，即禁止学生带手机到学校。

在一次调查中发现，87.4%的学生称他们从未被给予或购买过违禁药品，8.6%的学生表示自己使用过违禁药品 1～2 次，2.2%的学生使用过 3～5 次，1.8%的学生使用达 6 次以上。调查还发现，在使用的违禁药品中，大麻的比重最多，其他如迷幻剂、海洛因等较少。但也有重复吸食不同违禁药品的“重瘾者”。这些学生会利用课间时间在厕所吸食毒品，所以教师要监控学生上厕所的时间甚至亲自去厕所把守，这也是禁止学生吸毒的无奈之举，所以在学校里有警察就很正常了。

2007 年 4 月发生的弗吉尼亚理工大学枪击案，使得校园安全问题受到空前的重视。很多美国校园中都有腰上别着枪的专职警察在巡逻。其实早在 20 世纪 60 年代，美国各州就设立了校园警察一职，他们可以携带枪支并能逮捕犯人。一些中小型学校则会与一些提供安全管理工作的公司签订契约，聘用经过专业训练的保安人员来保护学生和教职工的安全。这些保安人员也被允许携带枪支或电棒。

由此我想到，2010年以来，我国发生了多起校园伤害案件，造成了大量的人身伤亡，受到了广大人民群众的普遍关注和各级政府的高度关注。究竟是何原因引发了这一场场触目惊心、令人发指的血案？是什么原因让罪犯屡屡将邪恶的双手伸向没有任何防范能力的孩子？又是什么原因致使血案频频发生在小学或幼儿园？每一个问题都值得我们去重视和思考。

其实，早在2005年我国公安部就发布了《公安机关维护校园及周边治安秩序八条措施》。其中，第一条为“对发生在校园及周边，侵害师生人身、财产权利的刑事和治安案件，实行专案专人责任制”，第二条为“在校园周边治安复杂地区设立治安岗亭，有针对性地开展治安巡逻，强化治安管理”，第三条为“根据需要向学校、幼儿园派驻保安员，负责维护校园安全”。这都说明我国对校园安全整饬的重视。但是我们的防范措施和安全教育还远远没有达到要求，美国的做法值得我们借鉴。

如何处理校园暴力事件

在美国考察期间，我曾经问过Lyons校长，他们如何处理校园暴力事件，他只回答了一句“By law”(依法办事)。

例如，对于虐待折磨同学，我国的有些人不当回事，法律惩戒也不够严。但根据美国加州法律，侮辱同学的行为被定为“酷刑折磨”，是一项重罪，对“酷刑折磨”者要判处终身监禁，并处以最高1万美元的罚金。另外，根据刑法，开车、望风的从犯也同罪并处，也就是说所有犯罪的人都需承担最重的惩罚。

所以，法律的严格不是残酷，而是对公众利益的维护，本质是为了震慑违法乱纪行为。严格的法律表明了对人们尊严的重视。一个随意虐待他人、践踏他人尊严的人，本身就是危害社会安定的不安全因素，对其进行严惩也就是维护社会的正气与正义。

这似乎让人们明白了两个问题，一是为何我国的青少年问题频发，二是为何我国的一些人不尊重司法。对比一下就知道了，在我国此类行为被发现后，学生多是被训斥一番，连开除学籍都谈不到，更谈不上被逮捕、坐牢，甚至终身监禁了。而对于家长行贿，则会出于对“可怜天下父母心”的考虑，严重批评一下了事。由此可见，一边是对法律“锱铢必较”，有法必依，执法必严；另一边是人情大过法。为此，两国人对法律的敬畏态度自然不同，法律起到的震慑力更不在一个层面上。

过去，我国不把青少年之间的欺辱现象当回事，还不习惯用法治思维去分析、解决问题，而总企图用调解的方式大事化小、小事化了。青少年犯罪的处罚措施太少，处罚力度太轻，道德教育和行政处罚方式占主导地位，这才导致法律对青少年的警示作用大打折扣。

“人之初，性本善”，没有谁天生就喜欢使用暴力。造成校园暴力事件的内因源于部分青少年的狭隘自私、唯我独尊。而不良社会环境的熏染、错误的家庭教育，以及心理健康教育的缺位，则是不容忽视的外因。

很高兴地看到在2016年，我国教育部等九部门联合出台了《关于防治中小学生欺凌和暴力的指导意见》，建立了学校、家庭、社区（村）、公安、司法、媒体等各方面沟通协作机制，畅通信息共享渠道，进一步加强对学生保护工作的正面宣传引导，避免学生欺凌和暴力通过网络新媒体扩散演变为网络欺凌，消除暴力文化通过不良出版物、影视节目、网络游戏侵蚀和影响学生的心理和行为，引发连锁性事件。

美国的特殊需要教育教研室

山东省青岛第二中学　诸贝贝

在美国考察时，我对美国“不让一个孩子掉队”的教育行动感受颇深，真正体会到这是以学生为本的教育，是基于尊重的教育。他们是怎样做的呢？他们对学生实施特殊需要教育。

在这里，特殊需要教育不是指对身体发育有问题的学生的教育，而是指另一种特殊教育，是对发育正常但在学习、心理、行为等方面偶尔或经常出现问题的学生的指导教育。

美国学校对这些学生的教育不是进行一般说教，而是作为课程去研究。它类似于学科教学但又不同于学科教学，属于一种对健康学生的特殊教育。具体做法有以下几方面。

1. 设立特殊需要教育教研室

我们所考察的高中学校的学生都在千人左右，学校都设有特殊需要教育教研室，有教师专职从事特殊需要教育。

2. 教师有明确的分工与责任制

一般来说，每位特殊需要指导教师要负责一或两个年级的整体学生教育和个别学生教育，教师对自己所负责的学生包干 2～4 年。教师每年都要做工作计划，每周都要进行集体备课。尤其是对品德、学习、行为有问题的学生的教育、辅导教案都做了系统的设计安排，如游戏设计、问卷测试、数据分析、检测报告等，十分专业和科学，不是仅靠说教和谈大道理。学校的教师分工明确，有负责初诊的，有负责设计分析报告的，有负责诊后指导的。

我们曾与伍得兰德地区高中负责特殊需要教育的 7 位教师进行座谈。他们中有初步诊断教师、分析诊断教师、辅导教育教师。比如，Rebecca 老师总体负责全校问题学生的初步诊断，Janine 老师负责九年级和十一年级，Bethang 老师、Mark 老师负责十年级和十二年级，他们四位负责初诊，要针对学生的初诊情况填写相关报告。Geoge 老师负责分析诊断，他需要测试学生的学习、心理状况，即在初诊教师诊断的基础上，通过一系列科学严格的程序分析，对学生做出问题诊断。分析所涉及的内容丰富，尤其要关注学生的表现，如眼神、态度、表情、举止、语气、语言等；问卷涉及的问题全面，受诊学生按教师的要求写一些文章或做一些判断，教师同时设计一些问卷发给认识这个学生的人（如同学、教师）填写，以便更广泛、客观地了解这个学生。诊断结果既包括电脑分析又包括人工分析：把收集到的信息输入电脑，应用专门软件做分析，在这个基础上，参考个人诊断拟定相应的帮助方案。然后，依据诊断方案，辅导教育教师开展工作。Stacy 老师和 Kristins 老师是学校的辅导教育教师。Stacy 老师是实习教师，负责一般问题的解决，严重的问题要交给 Kristins 老师解决。

3. 辅导教育全面而科学

特殊需要指导教师平时解决得最多的问题是有关学生学习方面的，尤其是一些学生不知道如何才能成为好学生或如何在自己喜欢的方面更好地发展。在这些方面，教师要对他们进行指导。最棘手的是有自杀倾向、吸毒成瘾、情绪失控、交往过密进而产生性行为的学生教育问题，虽然这类问题较少。

在布瑞斯托东方高中考察时，我们遇到一个十一年级的男孩主动约谈特殊需要指导教师。这个男孩数学学得不好，来找教师咨询，寻找解决的办法。因为学生的成长背景、生活环境、个性特点不同，有的学生在学科学习中出现问题时会直接找学科教师寻求帮助，有的学生会先找特殊需要指导教师倾诉，得到一些帮助后再由这些教师出面找学科教师，希望在学科方面再给予学生一定的指导帮助。特殊需要指导教师与学科教师沟通后，可以安排给学生补课，费用由学校或家长出。有时给这些学生补课的不是教师，而是品学兼优的学生志愿者，他们会主动承接这项工作，因为学生若参加过这类志愿服务，将来升学是可以加分的。

4. 尊重学生人格

特殊需要指导教师必须特别温和、善解人意、宽容、会沟通，尤其应能守住秘密。只有这样，自己才能更深入地了解学生问题产生的真正原因，才能找到最合适的办法帮助学生解除痛苦。他们的专业技能和敬业精神特别能取得学生的信任。他们说，这项工作有心理辅导的性质，让学生有信心，相信教师，是这门课程的基础。

教师对学生叙述的内容有保密的责任，但如果学生会对别人或自己造成伤害，则不能做保密处理，必要时要通知警察或家长。那么，学生是否怕这些教师呢？教师的回答是否定的。他们不想让学生怕，只想让学生知道自己的职责是对他们负责，是真正想帮助他们。

在对部分行为出现严重问题的学生进行处罚前，教师的任务是找到学生出现问题的真正原因，在调查完成后，再与学生、校长三方座谈。找到原因后给予正确指导，这是最艰难的工作。

5. 处罚措施合理

（1）处罚类型

在布瑞斯托东方高中，一位教师告诉我们，学校会对犯错误的学生进行处罚。根据错误的轻重程度，处罚分为不同的类型。

如果是一般的错误，可以在学校接受处罚，如上课期间或放学后，在教师监护下罚其独处。如果是较大的错误，如打架等，可能就要罚其回家待5～10天，或周六上午来校待3个小时，学校专门安排一名教师看管他。

在美国，节假日是家庭共同活动的日子，很多家长会在节假日带孩子外出开展许多活动，是孩子最欢快、最幸福的日子。让学生在这样的日子到学校来学习的确是非常严厉的处罚。

（2）在校处罚方式

学生在校的处罚方式有以下两种。

一种是把学生留在教室。放学后扣留学生1小时，不让他按时回家，也不让他参加其他任何活动，罚他在教室里做作业，由助教看管。

另一种是把学生留在学生隔离室中。我们参观伍得兰德地区高中的学生隔离室时，正有一个男生因为经常迟到，被关在隔离室接受处罚。这是家长请求的，他们希望学校帮助孩子改掉这个坏习惯。在隔离室中，学生要按要求填一些表格，要写悔过书，在这里受罚的学生每节课都有教师专门来为他一个人上课。学生隔离室的教学设备先进齐全，与教室相同，只是房间大小是教室的四分之一。学生在这里待一天，不能与任何人交流，不能与同伴在一起，活动没有自由，上厕所要请假。

这些做法给我们带来的启发有以下几点。

第一，不让一个孩子掉队，需要学校特别关注。

说实话，每一个问题学生的问题都是不同的，做问题学生的工作，难度特别大。在美国，要实现教育的公平，要使每一个受教育的学生都享受到他所需要的教育，特殊需要教育教研室的设置也许就是一个体现，是实现“不让一个孩子掉队”的一项举措。把问题学生出现的问题当成课程来研究，这也许就是我国正在提倡的德育课程吧！

第二，教育不是说教，而是科学研究

我国已经关注到德育的科学性问题，但还存在着许多其他问题。

（1）学生教育主要由班主任和政教处负责。我们没有特殊需要教育教研室，负责学生教育工作的是班主任、心理教师、政教处的人员等。首先，班主任要面对的是班级中的各种问题，而不单单是问题学生的问题，所以针对问题学生的研究缺乏专一性，进而缺乏深度和有效性；其次，心理教师的教育对象主要是全体学生，还有对个别学生进行心理咨询，但其功能还没有得到很好的开发，又因为面对的学生过多，所以对学生的帮助没有达到有求必应且研究透彻的程度；最后，多数政教处的人员专业能力不足，说教甚至训教多，学生往往怕他们，很少主动向其倾诉衷肠。

（2）教育没有上升到课程的高度，还普遍停留在说教层面，教师多凭个人经验处理问题，而且从事这方面研究的专业教师较少，科学分析少，重视得不够。初诊在基层学校有随意性，多用人工而少用电脑。学校多根据上级教育部门印发的处分决定来处分违纪学生，少有停课反省或罚其回家由家长监管几天的惩罚条例，缺乏这类科学的管教。大部分学校有对于各个学科进行研究的教研室，却很少有以年级为单位、以教育为课程的教育教研室。

第三，要制订相对科学的措施。

（1）将学生的各种问题分层、分类，教师分工负责。

（2）根据学校现有条件，组织一个专业性比较强的教育研究室或研究会，作为学校教育指导、课程开发和政策研究部门。每个年级可以有相应的教育教研组，政教处可以作为执行部门来执行学校的教育政策。

（3）班主任工作要向课程研究方向发展，班主任科学、规范地开展工作。

（4）应该制订符合教育规律的惩罚条例。

美国学校也开展教研活动吗

我们在布瑞斯托东方高中了解到，他们的学科教研活动时间和我国学校一样也有固定时间。每个周三下午学生提前放学（下午 1 点 40 分）后，教师有两个小时的集中教研时间。

美国教师的集中教研是指，教授四门必修课程（英语、数学、科学、社会学）的教师在一起研究学生的学习及各方面表现情况以及改进措施，真正做到了以生为本，为学生发展服务。这类似于我们的学科分析会，我们是每半学期一次，一般是在期中考试后或大考之后，分析学生本次的考试成绩、名次升降，以及探讨改进措施。

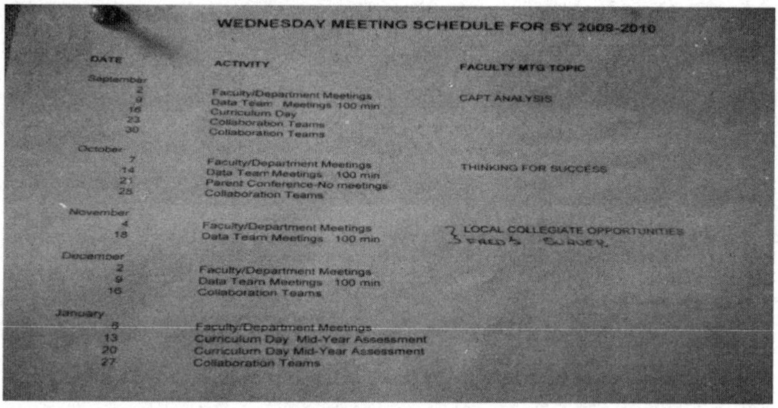
WEDNESDAY MEETING SCHEDULE FOR SY 2009-2010

DATE	ACTIVITY	FACULTY MTG TOPIC
September		
2	Faculty/Department Meetings	CAPT ANALYSIS
9	Data Team Meetings 100 min	
16	Curriculum Day	
23	Collaboration Teams	
30	Collaboration Teams	
October		
7	Faculty/Department Meetings	THINKING FOR SUCCESS
14	Data Team Meetings 100 min	
21	Parent Conference-No meetings	
28	Collaboration Teams	
November		
4	Faculty/Department Meetings	LOCAL COLLEGIATE OPPORTUNITIES
18	Data Team Meetings 100 min	
December		
2	Faculty/Department Meetings	
9	Data Team Meetings 100 min	
16	Collaboration Teams	
January		
6	Faculty/Department Meetings	
13	Curriculum Day Mid-Year Assessment	
20	Curriculum Day Mid-Year Assessment	
27	Collaboration Teams	

布瑞斯托东方高中周三教研会一年安排表

我问参与教研的美国教师，平时的授课任务已经占据了大部分时间，那么个人如何进行专业发展和提升呢？

他们的做法是让教师组成小型的同伴互助小组。美国的同伴互助以教师为主体，以研究为基础，实质在于教师之间的合作，指向教师个体的专业发展。教师以一对一或小组合作的形式就课程与教学中所涉及的问题进行研讨和分析，制订相应的措施来改进课堂教学，促使教师在分享各自的想法中获得对教学的感悟和理解。同伴互助活动凸显了为教师所有（of teachers)、为教师所参与（by teachers）和为教师所分享（for teachers）的理念。

我国的教研组是教学研究小组的简称，诞生于1957年。那时，我们学习的是苏联的经验，具体包括建立统一的校内管理体制，实行校长负责制，加强视导员制度；在教学管理上则要求制订统一的教学计划，研习统一的教学大纲和教材，加强对教材教法的研究和改进；等等。自那时起，中小学逐渐全面建立起学科教研组，并围绕教研组开展教学研究活动：在同一年级建立各学科备课组，每门学科各个不同年级的备课组共同组成该学科的教研组，各区县和省市也建立相应的教研室，由此形成一个纵（学科教研组）、横（年级教研组）结合的教学研究与管理系统。其主要任务包括制订学年、学期和每周的教学计划，统一规范教学的要求、进度、作业等，从而保证教学达到一定的规格要求。同时，鼓励教师定期参与听课与评课活动，互相观摩交流，并安排新老教师“帮、教、带”。在学校内部，教师在日常教学中结合政治、业务学习和教学实践进行总结和研究，互相帮助，取长补短。而针对教师在业务上的发展，实行就地培养、就地供应的方式，以实现共同提高的目的。改革开放以来，特别是国家新一轮基础教育课程改革全面启动以来，向科研要质量已成为学校工作的重点。《基础教育课程改革纲要（试行）》提出中小学教研机构要把基础教育课程改革作为中心工作，并要求学校建立与新课程改革相适应的校本研修制度。这样，以教师研修活动为主旨的教研组就成了一个有助于教师专业合作的组织和交流平台。美国的同伴互助活动为我国教研组活动的有效开展进一步提供了可供参照的框架。

1. 突出教研组活动中教师的主体性

美国的同伴互助强调教师参与的自愿性及教师选择合作对象的自主性。教师可以自由选择搭档，搭档可以是本学科的教师，也可以是其他学科的教师，还可以是其他学校的教师，甚至是专家、学者等。这种灵活的组合方式将合作的主动权下放给了教师，凸显了教师在互助活动中的主体地位。其优势在于以下三方面：一是教师自发组织的互助活动能培养他们寻求自我发展的自觉意识，有利于达成预期的目标；二是教师以自下而上的方式开展互助活动，其动力来自自身，并且互助活动是建立在教师相互支持与信任的基础之上的，有利于互助活动的持久性；三是教师选择互助对象的范围无严格限制，可以根据自我发展的需求任意选择，并不仅仅局限于某学科或某阶段的教师，在如今强调课程综合化和鼓励跨学科教师合作的时代，这种方式有利于打破学科界限，拓展专业视野。

较之于同伴互助，我国的教研组对于合作对象的选择主要是按照制度性的规定，要求教师以学科背景为基准来开展全员参与的教研活动。从教学管理角度来看，这种以同一年级同一学科的教师或不同年级同一学科教师为合作对象的合作方式有利于学校的统一管理，能保证教学工作的规范化运行和教师之间有组织性的学习。从教师的专业合作角度来看，不同年级同一学科的教师在一起工作，便于教师在较好地衔接教学内容的基础上，针对学生的优势和薄弱环节有的放矢地施教，更容易提高学科的教学质量，而同一年级同一学科、有着共同教学经历的教师在一起工作，有利于针对本学科具体的教学细节进行交流和探讨。但是，相对于美国的同伴互助合作方式，我国教研组中的合作难免显得刻板、不灵活，教师鲜有自我选择的机会，这给教师的自主发展带来了一定的限制。学校将不同层级、不同水平的教师组织在一起，很难照顾到教师之间的个体差异，无法关注到不同层次教师的个体需要，因此促进教师发展的作用将大打折扣。而以学科为划分界限的合作在无形当中也给不同学科的教师之间树起了一道心灵壁垒。这种自上而下的合作行为和实践方式，其隐患在于强调的是合作的形式，而没有考虑合作的意蕴。在组织形式和教师行为上，它虽然同样显示出合作中的相互讨论、观摩等行为，但其目的在于满足学校管理上的要求，而常常忽略教育实践本身的要求和教师自身的价值取向。当教师们对合作目标不能达成共识时，即意图与兴趣来自教师群体之外，那么将很容易打着合作的旗号销蚀真正的合作。教师若长期生活在已相当程序化的管理体制内，其行为也将逐渐趋向按部就班，对于活动的积极性和热情就会降低，甚至会成为旁观者。

因此，为了增强教研组的活力，关键要增强其内部的张力和外部的弹性。在一个正式的组织（教师群体）中，当然需要相关的制度来规范和促进教师合作行为的产生，但也应注意到学校与教师之间对于合作权限的分担。对管理部门来说，虽然应采取自上而下的方法来组织教师合作，但其职责在于管理教师的日常工作，培养教师自下而上地解决问题的能力。因此，适度放权，以更加自然的方式培养教师自主合作的意识和行为，鼓励建立较为灵活的合作方式，鼓励不同学科的教师进行合作，在学科之间寻找共同话语，均有助于弥补教研组活动自身的不足。

2. 加强教研组活动中教师合作机制的研究

同伴互助注重彼此之间地位上的平等、对话上的民主、交流上的开放，从合作目标的确定到目标实现的过程，均注重教师个人的参与和集体的协作努力，让教师置身于充满专业自觉的氛围中。同伴互助负载着建立专业学习共同体的价值取向，能将不同背景的教师有机地联系在一起。

而在我国的教研组活动中，教师之间的关系呈现出较为严格的科层制，从活动的组织者（学科教研组组长/年级组组长）到活动的执行者和实施者（教师）都有着较为明确的分工。教研组组长负责教研组活动的开展，教师遵照教研组组长的安排开展活动。因此，在整个教研组中，教研组组长起着决策、协调、监督和引领的作用，确保对教研组活动的组织和管理符合学校和学科自身发展的要求。作为一个组织，教研组在结构上的严谨性提高了工作效率，相对于较为松散的同伴互助的组织形式而言，彰显了自身的优势。然而，教研组活动通常由教研组组长统一召集、安排、管理，定期开展教案交流、教学观摩，制订教学计划，并负责对教师进行学期考评，等等。久而久之，其他教师就会对教研组组长产生依赖心理。这样，就会降低教师参与合作的积极性，产生服从或盲从的心态，无法形成对自身专业发展和教育教学行为进行独立思考和反思的习惯。

因此，为了促进教研组有效合作行为的产生，应消除这种科层制式的合作关系。首先，要扩大教研组的专业合作范围，建立诸如“大学与中小学合作”“中小学校际合作”“师徒合作”等教研模式，促使中小学教师在教研组活动中能与不同层次、不同背景的教师进行专业对话，使教研组活动能成为教师自主发展专业能力的平台。其次，教研组组长在组织引领的同时也应以组员的身份参与活动，充分利用教师的经验、专业知识制订教研计划。最后，要将教师的内在需求作为合作的出发点，鼓励教师制订个人发展规划，以任务为合作的外在动力，有利于教师变被动参与为自主合作。这些措施将有助于教师之间、教师与教研组组长之间达成合作中的平等对话关系。

总之，美国的同伴互助是以解决教育教学中的实践问题为直接目的，以促进教师专业素养提高为旨趣，通过平等的对话而展开的活动，其目的在于促进教师的专业成长。它对于我国在教研组活动中突出教师的主体性和教师之间的合作具有重要的启示意义。

美国教师如何惩罚学生

在一个大雪纷飞的早上，我们赶到了伍得兰德地区高中跟岗见习、参观考察。在与教师的交流中，我问他们如何惩罚犯了错误的学生，一名助理校长便领着我们到了一间学生隔离室。

这是一间专为违纪学生提供的隔离室，室内有三四套特制的桌椅，桌子两边有隔板，学生面墙而坐。门口由无课教师轮流值班。隔离室里有各种杂志供学生阅读。墙上贴着“学生必读”，我对原文进行了翻译，内容如下：

要尊重别人；要用适当的语言；要按时到达；要一直待在所要求的桌椅旁；要填写处理单；要完成作业或课堂工作；要安静读书；不能说话；不能睡觉；不能无所事事；不能运动；不能玩各种电子产品；午饭在禁闭室吃；若迟到了，或表现不好，或没完成所要求的内容，第二天再来禁闭室一天。

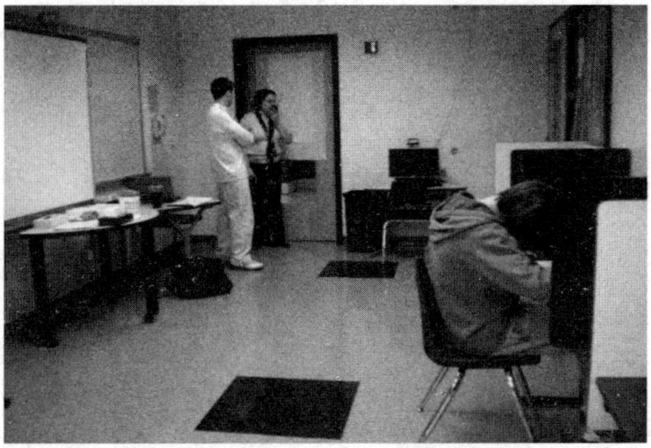

学生接受惩罚，教师在门口值班

在学生的桌子上，我看到了一份学生要做的作业，翻译过来内容如下：

1. 在禁闭室里，找一本杂志，阅读一篇文章。

2. 对你所选择的这篇文章写出观后感。

3. 观后感不少于200字。

4. 观后感必须附在杂志上面并写上该文章所在的页码。

5. 放学离开禁闭室前，必须将观后感交给值班教师。

学生在反思自己的行为后还必须填写如下处理单（Processing Form），翻译过来内容如下：

姓名________ 日期________ 现在的时间________

本周你已经被处理了几次________ 几点被送回教室________

你做了什么（你的错误）____

____

你为什么会做出这样违纪的行为？

□我想引起别人的注意

□我想控制局面

□我想挑战老师的权威

□我不想做作业

□我不知道该做什么

□我和同学争论了

□我没做好上课的准备

□其他

你的行为对你有什么影响____

____

你的行为对你的老师和其他同学有什么影响________________________

____

写出两条你改正错误的措施______________________________________

____

如果你回到教室后继续捣乱，会有什么样的后果____________________

____

为什么这种行为是为人所不齿的__________________________________

____

为了使学校的教育功能得到正常发挥，美国的各级各类学校都有一套明确、详细的规章制度，有一套供本校学生遵守的行为准则。在这所学校就读的学生必须遵守学校的规章制度，承认学校教职工的权威并接受其指导。任何不遵守学校规章制度，或者不执行学校教职工在学校范围内或与学校有关的活动中做出的合情合理要求的行为，均视为违纪行为。任何违纪行为都要受到惩罚。

我们所参观的学校的校规非常严格，针对如作弊、男女交往过密、抽烟、辱骂、缺课、不听管教、扰乱正常秩序、打架、乱按火警铃、放鞭炮、赌博、带电子产品等行为制订了共计40多条校规，非常明确地告诉学生若违反了校规他将受到什么样的惩罚。

我跟岗见习期间，布瑞斯托东方高中的助理校长就参加了1月22日举行的问题学生听证会。校董事会成员、总监、助理校长、家长及家长的朋友、当事学生以及家长请的律师共同出席听证会。助理校长会出示学生的过失单，学生违反了什么纪律，违反了多少次，这些都有正规的记录。根据过失单，大家一起决定学生应该接受什么样的处罚。比如，这次的当事学生可能就要回家一直待到六月份。如果学生没有超过16岁，学科教师必须登门补课；如果超过16岁，教师可以不登门，但学生必须在家自学。一切都是那么正规，按程序办事，没人会随心所欲地改变。

美国中小学对学生的惩罚颇具特色。其一，美国中小学在教育学生时并不吝惜惩罚，该罚就罚，该重罚就重罚，对“惩罚是一种教育方式”的认识比较清楚。其二，美国中小学惩罚学生时要求公平合理，必须按规章制度办事。美国中小学的规章制度非常健全，这一点与美国多如牛毛的法律是一脉相承的。其三，在美国，惩罚就是惩罚，既无争辩和解释的余地，也无须细致耐心地进行说服教育，这与我国的思想政治教育方式是完全不一样的。我国在惩罚学生时，一般要伴有说服教育，而且教师在惩罚学生时，认为其虽犯错误但态度好就可以轻罚或免罚，但美国几乎没有类似的做法。惩罚时，他们严格照章办事，违规就罚，很少会因为学生承认错误的态度好而轻罚或免罚，这是美国健全的法制在教育中的缩影。这样做有利于维护制度和法律的严肃性，有利于让学生从小养成遵从规则的观念。美国中小学认为在惩罚学生时做思想政治教育工作是没有必要的，对于惩罚，学生只要知道因为什么就够了，至于这是否合理和学生以后应该怎样做，那完全是他自己的事，道理主要靠自悟，行动主要靠自导和自主。

近日，我国山东省青岛市政府发布地方性规章《青岛市中小学校管理办法》，其中提到“中小学校对影响教育教学秩序的学生，应当进行批评教育或者适当惩戒”。据了解，这是全国或地方教育性法规中，首次提出“惩戒”的概念。这与我们平时所反对的体罚完全是两个不同的概念。

为了更好地把握教育中的惩罚，我们应当对惩罚与体罚加以区别。所谓惩罚就是严厉的处罚；体罚则是用罚站、罚跪、打手心等方式来处罚学生的错误的教育方法。由此可见，提到惩罚就想到体罚是对惩罚理解的泛化。惩罚不等于体罚，体罚是对人身的伤害和精神的折磨，而惩罚是一种教育，是对学生不良行为的一种强制性纠正。惩罚是一种常规的教育手段，是在学生身心完全能够承受的前提下所采取的教育措施。体罚是对学生实施身心上的严重伤害，有悖于道德，是损害学生身心健康的侵权行为。

美国校车如何运行

在康州考察学习期间，我感受最深的就是美国的校车。每天学生上学、放学期间，一辆辆黄色的校车缓慢地驶到学校停车场，学生按照自己所登记的车辆依次排队上车、下车，没有拥挤，没有喧嚣，没有打闹。在我跟岗见习的伍得兰德地区高中，一到放学时间，教室的广播里就会宣告几号车到了，哪些学生该出教室上车了，一切都是那么有秩序。当然，美国的国情跟我国的国情有很大差异，美国学校的学生人数都很少，最大的高中也只有一千多人，少的有七八百人，而我国某些学校的学生人数达到五六千至八千多人，所以其经验不可能完全照搬。但是，美国人对校车的绝对重视，值得我们学习和借鉴。

Maria将我们接到郎瑞沃初中时，还没到学校我就见到一辆又一辆的校车将学生送到学校，场面甚为壮观。在我们回来的路上，有一辆校车停了下来，因为有学生下车。只见这时所有行驶的不论朝哪个方向开的车辆全都停下来，学生下了车，校车行驶后，其余车辆才重新行驶。Marie说，在美国，孩子是最重要的，如果不停车，校车司机以及其他见到的司机会将该车的车号记下来投诉给警察局，那么这个司机将会受到严惩。所以所有司机都会停车，即使没有警察在场。

学生下校车

1. 美国关于校车的法律健全

在美国，联邦政府和各州政府都有专为校车制定的法律，据说总共有500多项。每年各州都要开一次讨论校车的年会，每隔5年要召开一次全国大会，还有许多专门围绕校车进行各种新闻报道的报纸和杂志。以校车的颜色为例，早在1939年，美国政府就立法规定校车一律为黄色，因为这种颜色最醒目，即便在大雾中也容易看清，是最安全的颜色。

2. 美国的校车受尊敬

黄色校车每天接送学生穿梭于城市之间，每到一个下车地点首先会亮起警示灯，然后打开司机一侧靠马路中间的stop警示牌，同时车前会弹出一个横杆阻挡学生乱跑，此时司机通过后视镜观看后方没有车辆后给带队教师一个手势，带队教师才带学生穿越马路。另外，前面已提过，当校车停下时，不论是校车后面行驶的车辆还是对面行驶而来的车辆均要停下，包括警车，哪怕是总统的座驾也不例外。当司机认为学生安全了，收起警示牌之后，其他车辆才准许通行，违者将受到严惩。我曾经问载我去学校的校长和教师对这种等待是否接受，每人都点头表示接受，不仅仅是因为交通法规的严惩，更重要的是能保证学生的安全。

3. 美国的校车安全

美国校车的质量是非常好的，由全球知名的汽车制造厂商制造，采用“客车的设施，卡车的骨架”，充分保证了校车的坚固性和安全性。据统计，坐校车上学的安全系数是坐家庭轿车和公共汽车上学的40倍，即每年因坐校车伤亡的人数是坐一般车辆的1/40。多年来，家长们一直在关心、讨论着校车的安全问题，并促使政府不断修改校车标准和要求。美国对校车司机也有严格的要求。学生上下车，校车司机要核对名字，不得疏漏；校车司机不能开快车，或有其他违反交通规则的行为。学校同时也向家长和学生免费发放宣传册和录像带，教育他们如何安全乘坐校车。美国的学生自上幼儿园开始，就要以各种方式接受培训，学会如何安全乘坐校车，如何在各种突发情况下更好地保护自己。有的学校还给教师增加10%的工资，要求他们放学时送学生上车。

4. 美国的校车温馨

美国的校车司机多为女性，这是因为女性比男性更加细心谨慎，更加有耐心，情绪更加稳定。但无论男女，所有的校车司机必须爱孩子，喜欢开车，这充分体现了一种温情的校车文化。各州要求校车司机每年进行至少一周的广泛的基础培训，从如何使用车辆到如何判断紧急情况都在培训之列。

5. 坐校车省钱、方便

上公立学校的学生坐校车不用交钱，私立学校的学生交得也不多。这基本上是一种教育福利。美国政府平均每年要为一个正常孩子坐校车支付520美元，为特殊孩子支付2400美元。这笔钱由政府教育经费开支，而教育经费一向是美国各级政府的主要财政支出，最舍得开销。校车一般都根据学生居住的地点灵活设站，学生上车的地点离家都很近，大一点的学生自己就可以去等车。

6. 美国的校车是一项产业

美国的校车虽专为学校服务，却采取商业经营的办法。各州一般由政府的教育委员会规定路线，招标拍卖经营权，与私人校车公司签订合同，学校和学区（相当于我国的教育局）只负责监督校车安全和制订校车运行规则。这样既引进了竞争机制，使服务质量得到了保证，学校也没有额外负担。这些私人校车公司一般都不大，都是地方性企业，但也有一定的规模，能保证车辆的维修和司机的培训。由于校车的运营非常稳定，因此校车公司只要加强安全服务，就能有不错的收入。

每天清晨和下午，一辆辆黄色的校车奔走在美国城乡，为美国学生提供服务，给学生和家长带去了实实在在的关怀和体贴。美国人认为，上学接受教育是个人的事，也是国家的责任。校车一方面在运送着每一个学生，另一方面也在运送着温暖和责任。

自2010年7月1日起，国家质量监督检验检疫总局和中国国家标准化管理委员会联合发布了中国首部小学生校车安全技术条件和校车标识强制性国家标准，这表明我国在校车管理上迈出了重要的一步。我认为，我国的校车今后可以由定点企业进行专业化的生产制造；把我们的校车变成一种社会化的运营公司式的服务；对于校车的标准、校车的运营方式等，应有更加社会化的、法制化的监督机制。这不仅需要具体有效的政府监管，更需要国家在这方面加大投入力度，确立合理的校车运营体系，将校车纳入从中央到地方公共甚至公益事业，并赋予校车最高级别的道路特权，同时配备教师照看，限制时速，只有这样才能避免校车安全事故的发生。

募捐活动和捐款一样吗

在西方国家，学生高中或技校毕业时，学校要举办隆重的毕业晚会，晚会的资金是学生通过各种志愿活动募捐获得的。我在布瑞斯托东方高中跟岗见习的第一天放学后，学校的职业规划教师 Kim 把我们接到了她的家，稍事休息后邀请我们参加她小儿子组织的一个募捐活动。晚上 6 点多，已经有许多人到达了镇上的一个小体育馆，募捐活动就在这里举行。在前厅，大家先排队购买 10 美元一张的票，体育馆便提供一份简易的意大利面。Kim 及其爸爸、妈妈、哥哥，加上我与一位同事，共计 6 人，每人都捐了 10 美元享受了一份意大利面。除去意大利面的成本，剩余部分作为支付各种活动的费用。这是对孩子极大的支持和认可，能让他感到家人很爱他，尤其是有我们两个外国朋友参加，令他感到十分自豪。

餐会安排在学校餐厅，非常简单，就餐环境悠闲、轻松、自由，没有任何领导讲话。大家可以找熟悉的人坐在一起聊聊天，中间穿插抽奖活动。这种活动给家长提供了一个互相认识和沟通的平台，使家长可以成为朋友，更有利于对孩子的教育；有些孩子之间有矛盾或误会，家长可以通过这种场合了解孩子的情况，帮助他们消除隔阂，建立起更和谐的人际关系。

我们是否也可以举办一些类似的活动呢？我们的家长有互相交流的平台吗？我们除了家长会能让所有的家长（当然有的家长因为忙，从来不参加家长会）坐在一起听教师讲，有给家长提供过平台供他们相互认识、倾诉、交往、学习吗？家长的教育水平仅仅靠家长会就可以提高吗？家长自己在家感悟和反省就可以有所改变吗？近几年，山东省重视家长学校的建设，重视提高家长的整体教育水平，美国的活动设计给我们提供了一个很好的启示，它涵盖了许多优秀的教育理念，是很有借鉴价值的。

我们还观摩了美国的一个募捐活动，叫作 Jog-A-Thon（以跑步的形式来募捐），这是很多学校和非营利团体常用的一种募款形式。参加跑步的孩子先找到赞助人，通常就是自己的家人。赞助人可以用两种形式来捐款：一种是根据孩子实际跑的圈数，如跑1圈捐1美元，那么跑20圈就要捐20美元；另外一种是无论跑多少圈都捐固定的金额。在活动结束后，募得的款项就用于补贴学校的教育经费，如购买体育器材和教学用品，或者用于带孩子出游参观。我感觉这样的募捐方式在孩子力所能及的范围内，自己付出努力为学校争取到的教育经费比从家长那里直接索取有意义得多。

我国的学校为什么只注重培养学生的捐款意识，而不注重培养学生的募捐能力呢？捐款和募捐都是慈善行为，谁也离不开谁。其实很多时候，培养学生的募捐能力比活动本身更重要。当前我国的慈善事业和一些国家有很大的差距，这样的差距不是因为我们的爱心意识没有人家强，一个重要的原因就是我们缺少募捐方面的人才。募捐方面的人才少，就意味着慈善组织少，意味着慈善组织的募捐能力不强。美国的慈善事业为什么这么发达？就是因为美国人的募捐能力强，从而促进了慈善事业的发展。美国人募捐能力强，原因之一就是学校注重从小就开始培养孩子的募捐能力。如美国一所学校的一名学生要出一本图文合集，他就在教师的指导下做好预算，然后找家长或邻居募捐。到了中学，学校干脆给学生开设了政府学之类的课程，直接教导每个学生如何募捐。

学校从小就培养学生的募捐本领，可以让学生受益终身。在美国，从市议员、市长、州长到总统大选都需要争取一批热心人士的赞助做坚强的后盾。很多美国顶尖大学的校长的一项重要任务就是每年为学校拉到数目庞大的赞助费。可是我们的学校，只教育学生捐款，至于学生有没有募捐的能力并不受重视。所以很多人不愿意也没有能力从事募捐活动，只会捐款。

募捐活动可以让人深刻体会到捐款的意义，知道善款来之不易，从而正确对待捐款。现在我们的一些孩子从小就过着饭来张口、衣来伸手的生活，学校组织捐款，就回去向父母要，根本不理解捐款的真正作用和意义，这样能培养正确的慈善意识吗？如果让他们参与募捐活动，用募捐的钱直接参与慈善活动，肯定会加深他们对慈善事业的进一步理解。

美国学校的无偿献血活动

我们在布瑞斯托东方高中时，观摩了在体育馆举行的学生献血活动。这个活动号召大家给生病的学生 Jamie Botton 献血，墙上的海报写着"Give blood，save lives"（献血救命）、"Stay strong"（保持健康）等字眼，学生还将献血区精心布置了一番，到处贴着温馨的图画和为 Jamie 加油的话语，体现了关爱他人的人文精神。

美国红十字会的采血车每年都要到学校来一次，每次采血车来之前，学校的志愿服务者都会在校园各处张贴通知，上面列有献血的时间、地点等。如果学生是第一次献血，先要填不少表格，目的是掌握献血学生的情况，并方便以后联系。之后学生还需要回答约 50 个与健康有关的问题，包括药物史、病史、家族史、旅行史（尤其是国外旅行史）、文身的经历、性关系史等，以推断其是否属于携带某些传染病毒的高危人群。接下来，工作人员对献血者做简单的体检，包括测血压、体温和脉搏等，并在指尖取少量的血样来检查血色素是否达到了献血标准，排除携带艾滋病、白血病和肝炎病毒的可能之后，就开始正式献血了。献血后必须在休息区等待 15 分钟以上确认没有异常反应后才可以离开，休息区里提供一些小点心、饮料、水等。献血者还可以领一件 T 恤衫做纪念，前面印着红十字会的标志，后背则印有"挽救生命"之类的字眼，除此之外还能领到可粘在汽车后面的"我献过血了"的标志，但没有献血证书，也不因此享受休假，自己不说别人便不会知道。

等候献血的学生

献血前严格登记

献血前的身体检查

隔离献血空间

我遇到了一位美国老太太，今年 80 岁，在学校和医院做过 17 年的义工。她已经献血 100 次，每次献血 200 毫升。

据美国红十字会官方网站介绍，美国每 2 秒钟就有人需要输血，每天需要 3.8 万名输血者，医院急诊时所需的血源在急诊发生前就已经储备好了。

不管科技多么发达，血液无法在工厂里制造。正因为如此，为他人献血才尤其宝贵。美国红十字会只接受自愿献血者。在美国，整个献血过程大约需要 1 小时 15 分钟。人们每献一次血最多可以救治 3 位病人。在献血者当中，19%的人偶尔献血，31%的人第一次献血，50%的人经常献血。

美国不会让病人家属自备血源做手术。美国医院的管理相当规范，从献血到输血，整个过程都有严格的监管。

我国的《中华人民共和国献血法》已由第八届全国人民代表大会常务委员会第二十九次会议于 1997 年 12 月 29 日通过，1998 年 10 月 1 日起执行。《全国无偿献血表彰奖励办法（2014 年修订）》也已通过，这使我国的无偿献血有了法律依据和奖励办法，也使我国的无偿献血走向了正轨。

多年来，我国存在着三种献血形式：个体供血、义务献血、无偿献血。

个体供血，是公民向采供血机构提供自身血液而获取一定报酬的行为。在相当长的一段时期内，我国的医疗临床用血主要靠个体供血。然而，个体供血受经济利益驱使，供血人员大量、频繁地抽血，导致血液质量不断下降；有些不法分子非法组织卖血队伍，到处流窜，互争地盘，各霸一方，从中盘剥渔利，严重干扰了献血管理工作；有的采供血机构检测手段落后，一些传染性疾病无法查出，由血液传播而感染的疾病时有发生。

义务献血，是通过政府献血领导小组或献血委员会向机关、企事业单位分配献血指标，下达献血任务，献血后给予献血者一定的营养补助费的献血制度。从实行义务献血制度以来，我国的献血事业有了长足的发展。但是，义务献血制度是我国当时的计划经济在输血工作中的反映，在这种制度下献血者只是为了完成单位任务，被动地献血，没有积极性。单位为了完成献血指标，以高额补贴或休长假等形式予以刺激；有的单位完不成献血指标，出钱雇请个体供血者临时冒名顶替完成指标，从而成了变相卖血，扭曲了义务献血的本义。

无偿献血，是指公民向血站自愿、无报酬地提供自身血液的行为。无偿献血是国际红十字会和世界卫生组织从 20 世纪 30 年代开始建议和提倡的。经过几十年的不懈努力，世界上很多国家都从过去的有偿献血逐步过渡到无偿献血。无偿献血是体现社会文明进步的一项制度。但是，受观念的影响，无偿献血的良好氛围在我国还没有普遍形成，医疗临床用血主要还是靠个体供血和义务献血。国家通过立法确立无偿献血制度，推动我国无偿献血工作的开展，是十分必要的。在立法调研中，有的人认为根据我国目前的经济水平、公民的文化素质在全国范围内实行无偿献血，缺乏必要的物质基础和思想基础，搞不好会出现“血荒”。但是大部分人认为，无偿献血是一个必然趋势，是我国献血事业发展的总方向。我国无偿献血工作已开展了 10 多年，人们对献血工作已经有了一定的认识，因此，通过立法规范献血活动，保障献血者的合法权益，使无偿献血工作走上法制化的轨道，对促进无偿献血行为十分重要。

美国
学校校长篇

又见 Lyons 校长

到达康州的第二天下午 4 点左右，布瑞斯托东方高中的校长 Lyons 及其夫人 Cathy 来到宾馆接我，因为我有幸被安排在他们的家里居住。一见到他熟悉的身影，我们便来了个大大的拥抱，因为我和 Lyons 校长已经有 6 年未见过面了。2004 年 12 月，Lyons 校长作为康州姊妹学校的成员访问了我原来工作的学校——淄博实验中学，并与学校结成了友好学校。当时，我作为政教处主任、外事处主任兼英语教师负责安排这次访问活动并担任他的翻译，我们合作得非常愉快，学校也给他留下了很深的印象。随后，我们邮件、贺卡联系不断，促成了很多活动。这次，我终于在美国和 Lyons 一家见面，并住在他们家，这使我有机会更深入地了解美国教育。

Lyons 校长的家

驱车 15 分钟，我到达了他们的家。Lyons 校长及其夫人都已有 60 岁，但仍然精神矍铄，快乐地工作着。他们的家是一座白色的房子，内有 7～8 个房间，布置得非常精美。我印象最深刻的是在一张巨大的橱柜上，摆满了十几张家庭照片。有 Lyons 校长的祖父祖母、父亲母亲的合影，有 Lyons 和 Cathy 的结婚照，有他们女儿各个时期的照片，很是温馨。

晚餐是Cathy亲自下厨做的，有烤鸡腿、土豆泥、草莓酱饼、凉拌蔬菜、加冰饮料，非常丰盛。美国人的饮食习惯与中国人大不相同，真正体验后，我的这种认识便更加强烈了。用餐中，我们谈了美国教育及Lyons校长所在学校的情况。之后，他又帮我安排了紧凑而丰富的活动日程，我相信我一定会有很大的收获。

校长室比邻门卫室

第二天早餐后，Lyons 校长驱车带我前往学校。布瑞斯托东方高中坐落在一个依山傍水的小镇上。学校是一个口字形的二层楼房结构，中间的大门就是校门，没有围墙但安保措施相当严密。推开大门后，我们遇到的第一位员工竟然是学校的警察。Lyons 校长的办公室比邻门卫室，就在校门口右手边的房间里，外间是助理室，最里边总共不到 8 平方米的小房间就是校长室，就像我国的传达室。这样每一名教师和学生进入校门，第一眼就可以看到他们的校长。在之后的教育考察中，我发现大多数美国中小学里，校长办公室都处于进门处的醒目位置。

我问 Lyons 校长："校长室为什么安排在校门口？"他说："校长是学校的第一位教育者，是学校的代表，是学生与家长最亲密的朋友，是学校教师最好的同事，也是欢迎四方来客的最友好的主人。因此，校长应该在校门口迎接每一位师生，并在工作中与所有师生保持最广泛的接触。"

几平方米的校长室

校长的办学理念，往往决定了一所学校的办学方向与培养目标。虽然校长室的位置可能只是学校办公室的安排问题，其中反映出的教育理念却让人深有感触。"一切为了学生"就必须始终与学生在一起，可现在许多教育工作者恰恰忘记了这一点。每个校长都应仔细算一下：每天校长究竟有多少时间是与学生在一起的？我们应该明确，教育理念的源泉正是来自那些充满生命活力的学生。

Lyons 校长每天早上都在校门口等候，学生来的时候，他会叫出学生的名字并主动问候。在我国，每天早上，很多学校的教师也会在校门口迎接学生，但是能叫出每一名学生名字的教师尤其是校长还很少。对此，Lyons 校长解释："之所以每个学生来的时候，我都问候他们，并且尽可能叫出他们的名字，是因为我想让学生也养成问候他人的习惯，而不是无视他人的存在。"

主动亲近每个学生，是每个教育工作者，尤其是校长最重要的工作。当校长室设在校门口时，实际上就是向所有学生及家长说："我没有高高在上，我就在你们中间。"

我国教育事业的发展日新月异，无论是办学规模还是硬件设施都在飞速发展。但是我们不能因为教育的进步而故步自封，甚至忘记教育核心的理论基础——教师与学生之间存在着密不可分的关系。当我们去追溯所有教育家所走过的历程时就会发现，他们所提出并传承至今的理论，都证明教育工作者只有通过观察、分析、研究教育原生态，即始终坚持研究学生，才会让教育充满智慧和创造性，这也是校长室比邻门卫室的奥秘。教师与校长离开了学生，就不会使教育真正发挥效能。

优秀教师能成为校长吗

在我所参观的几所美国学校里，校长及助理校长大多为接近或超过 60 岁的老人。我感到有些奇怪，就问 Lyons 校长：为什么年龄这么大了不退休还继续当校长？他们是否像我国那样——普通教师由于教育教学成绩突出被提拔为主任，继而升为副校长，最终成为校长？Lyons 校长说这样的情况在美国根本不可能发生，再优秀的教师也只能是教师，要想成为校长，必须在教师岗位上干满一定年限后再到专门的管理学院读 2 年，参加考试后取得校长资格才有可能当上校长。美国有严格的校长选拔标准、选拔程序和资格考试。

年龄较大的助理校长

1. 选拔标准

美国选拔校长的标准涉及领域广泛。有些学区可能会更多地考虑候选人的专业特征，而另一些学区会更加注重候选人的个人特征。就专业标准而言，校长候选人除了要具有学科专业的硕士学位、丰富的教学经验外，还必须具有教育管理专业的硕士或博士学位，必须取得州教育行政部门颁发的校长资格证书，拥有某些行政经验和管理能力。更具体地说，人际关系技能、组织能力、沟通能力及合作技能等是校长候选人必备的专业技能；从个人特征来说，校长候选人必须具有优良的判断力、高尚的品格，同时还要坦率、聪慧、身心健康、镇定自若、声音洪亮、富有幽默感等。

2. 选拔程序

（1）编写校长工作说明书。

编写校长工作说明书是选拔校长的前提。一般来说，美国中学校长的工作说明书是由督学或代理人起草的，包括下列要素：本学区校长职务的本质和职责、社区背景、学校状况、学校的课程方案，以及校长职务的资格要求、工资状况等。

(2) 刊登校长职位空缺的广告。

校长职位空缺的广告可为申请校长职务的人员提供足够的信息。广告中一般要标明工作头衔、主要职责、学区的名称和场所、申请的程序和时间、最低学历要求等。可以说，准确具体的广告内容是招募一定数量和质量申请人的关键。

(3) 审查有关证件，确定校长候选人，进行面试。

学区收到若干求职申请后，就要对申请人提交的学业证书、推荐信及健康证明等进行审查。一般来说，申请人在提出申请时，要填写两种基本表格，一种表格可反映申请人详细的基本事实和信息，另一种则可反映申请人的态度、见解和价值观等。通过证件审查的申请人就被确定为校长候选人，他们还必须经历一次面试，面试的内容不但涉及基本的事实，而且涉及一个人对教育的主张。

(4) 确定获选人，并分派工作。

在综合考察几位最具竞争力的校长候选人后，学区便可确定最后的获选人。在获选人同意接受某校校长职务后，则需要同学区签订任职合同，确定被聘校长的职责和权力、工资待遇、聘用时间及向谁负责等方面的内容，然后报地方教育委员会批准，合同生效。

在有的学区，校长一经任命，就没有固定的任期，除非校长犯错误或自己提出辞职申请，通常不会被解聘，这就是为什么校长大都是花白头发的老人的缘故。但督学有权根据学区内学校的实际情况和校长的工作状况对校长在学区范围内做适当调整。一所学校的助理校长的产生方式与校长的产生方式基本相同，但是该校的校长会起重要作用，通常由校长与督学共同研究决定助理校长人选。

3. 资格考试

在美国，每个走上校长岗位的人都必须通过校长资格考试。美国校长资格考试使用的是场景式的考试方式，要求校长对每个场景做出自己的判断。而考试的内容基本是对校长专业能力的考察，如预算、沟通、评价、学校战略、资源分配、职员评价、课程设计等。严格而专业的校长资格考试制度使校长真正成为像律师、医生一样的专业人才，校长本人也得到社会的高度认可与尊重。

在我国，校长似乎从来就没有被认作是一种职业，尤其是中小学校长。人们通常把校长理解为一种职务，因此对校长的专业精神、专业知识和专业能力都没有明确的要求。实际上，校长作为一个专业，不仅是学校发展和管理的客观要求，也是由校长的本质属性所决定的，是校长自身发展所必需的。

近年来，校长职级制作为校长人事制度的一项改革措施已经在我国部分省市试行或实行。校长职级制意在取消校长行政级别，强化校长的职业意识，提升校长的专业水平。校长职级制的本质是校长的专业化，体现了校长由“职务”向“职业”的实质性转变。校长职级制既是校长的能力标志，又是校长资格、水平的体现。日本教育学者安藤尧雄认为，校长可以被比作交响乐团的指挥，这种比喻表明了校长专业发展的特征。校长职级制标志着时代的进步，标志着教育改革的深入，更是践行现代学校制度的具体表现。

Lyons 校长的成长纪念册

我和青岛第二中学副校长诸贝贝就要离开布瑞斯托东方高中，结束这次跟岗见习活动了。Lyons 校长举行家宴邀请我俩赴宴，这是上等宾客的待遇。饭后，Lyons 校长拿出他的成长纪念册让我们看。

以下就是诸贝贝副校长对这件事的感想。

Lyons 校长的成长纪念册中的一页

饭后，Lyons 校长拿出自己珍藏了近 40 年的由他的母亲为他建立的成长纪念册，一页一页地翻给我们看。他边翻边讲，声情并茂。这是一本中等规格、相册模式和大小的集子，里面收集了他出生时的照片、毛发、手印模板，小学、初中、高中时代有意义的照片、成绩册、作业、奖章、评语、批评信，大学时发表的文章，等等，内容丰富而富有生活情趣。当 Lyons 校长拿出它并翻阅它的时候，我们非常惊诧和羡慕。它的确太珍贵了，因为它不仅具有历史意义，而且是不可复制的。它蕴含着一位母亲的深情和对家庭教育的深刻理解。在 Lyons 校长那份怀旧的情感中我们可以感受到他对母亲的怀念、感恩与敬仰。从 Lyons 校长的娓娓介绍中，我对美国教育不禁感慨万分。

一是美国教育是传承中的创新。美国的素质教育在 20 世纪二三十年代就基本如此，那时生活就是教育，教育就是生活。学生在生活中的品行、交往能力、习惯、对事物的了解等，就是学校要进行的最重要的教育。我们问 Lyons 校长现在的教育与他那时的教育相比变化大不大，他回答说，现在的教育在教育目的和教育理念上传承了以前的东西，有一些改变，但变化不是很大，不过教育手段先进多了，学校的课程设置也有了明显的调整，更能满足社会对多样的人才类型的需求。

二是家长可以做些什么。作为家长，我们也能给自己的孩子留下一份珍贵的成长礼物吗？很汗颜地说，之前我没做到。留下这份礼物难吗？为什么我们做不到？中国从20世纪70年代后期开始推行独生子女政策，所以中国的父母对自己的孩子特别重视。我们爱孩子，重视对孩子的教育。但我们曾给孩子的成长留下了什么珍贵的、值得孩子到老都可以回忆的东西吗？我们该给孩子一种怎样的言传身教？我们在孩子的成长中留下了什么？还可以再留下些什么？

回忆校长夫人——义工奶奶 Cathy

Lyons 校长的夫人 Cathy 是一位善良温柔的女性。来到她的家后，她跟我谈起了一周前海地发生的地震，谈到了灾民面临的困难，说着说着她竟流出了眼泪。这是我第一次看到一个普通人为异国他乡的受灾民众所遭受的困难而流出的眼泪，当时我受到了震动，也与她一同流下了眼泪。

在后来的接触中，我了解到 Cathy 每周两次利用中午的时间到医院去喂病人吃饭，时间大约是 11 点 30 分到 13 点。当时我问她是否是有偿劳动，她很自豪地说："我在做义工，是在帮助别人，帮助别人是一件很快乐的事情，怎么会要钱呢?"我又一次受到了震动。别忘了她已经是 60 岁的老人，本来也应该受到别人的照顾了。

每周三晚上，Lyons 校长和 Cathy 都会到镇上参加一个慈善组织——国际狮子会组织的各项活动。据说他们已经为海地灾民捐了款。

每当我洗了衣服，Cathy 总是用烘干机为我把衣服烘干，然后叠得整整齐齐地放在我的床上，真让我感动。

我与 Lyons、Cathy 的晚餐

我忘不了她精心准备的晚餐；忘不了她调皮地叫丈夫为"big boy"；忘不了她为灾民流下的热泪；忘不了她与我分享朋友寄来的贺卡时的微笑……

在我写下这篇稿子时，惊闻 Cathy 已经于 2015 年不幸患病去世，顿觉非常悲痛。也以此文纪念这位值得我们尊敬和学习的义工奶奶。

美国
学校教师篇

怎样才能成为美国的教师

在美国学习考察期间，我们接触更多的是美国的教师，从中了解到了美国的教师培训方式。从美国教师培训学院开设的课程中，我们可以看出中美两国培训教师的差异。

1. Educational Psychology（教育心理学）

这门课可以说是以下几门课程的理论基础，涵盖了心理学的基本理论框架及其在教育领域的应用。可以说，培训教师不是把这门课讲出来的，而是在课堂上把理论以活动的形式实践出来的。培训教师一开始就带领大家做一个模拟真实课堂的活动，然后在这个活动中总结其背后的理论。

2. Inclusive Teaching in Education（全纳教育中的教学）

这门课旨在使教师懂得如何教育有学习障碍的学生。教师应了解学生产生学习障碍的原因，学会如何调整课程以使所有学生都从课堂中受益。同时，这些有学习障碍的学生可能会有私人教师陪伴，所以教师还要学会如何和这些私人教师合作。这门课的培训教师是当地的心理医生。

3. Education Law（教育法）

这门课主要是学习美国和学校所在州的教育法，而且，教师不仅要会保护学生，还要学会保护自己，了解教学中的一些禁忌。这门课的培训教师是当地的律师。

4. Assessment and Measurement for Teachers（评估测量学）

这门课是基于教育心理学的理论，学习怎么评估、考核学生的水平。这门课的培训教师是当地高中的名师。

5. Classroom Organization（课堂组织）

这门课是基于学生心理学理论，学习如何面对课堂捣乱行为等以及课堂管理的一些禁忌与技巧。很多时候，培训教师会给出一些案例，听课教师模拟并提出解决方案，现场解决问题。这门课的培训教师是从当地高中聘来的很有资历的教师。

6. The Teaching Professionals（教师专业）

这门课主要告诉教师如何做一名合格的专业老师，以及在课堂中、课下、学校里、社区中，在和学生、家长、同事的相处中，应该有怎样的言行、穿着和仪态。这门课的培训教师是当地教育局的人事主管。

7. Teaching Internship（教学实践）

去当地高中教学实践半学年。

8. Educational Technology（教育技术）

这门课主要教一些教学软件和新科技的使用。

9. Individual and Cultural Diversity in the Classroom（课堂个体与文化多样性）

美国是一个多文化国家，学校里也一样。这门课很简单，就是把“学会尊重，学会包容”的理念非常郑重地告诉给听课教师。

10. Professional Development（专业发展）

这门课主要培训听课教师对诸如同性恋者等的了解与应对，如何处理校园打架、欺辱问题，等等。这门课的培训时间之长，花样之多，足见美国人对这方面的重视。

以上这些课程把美国的公平、民主、自由、包容的理念都一点一滴地灌输到教师头脑中。教师都是经过这样的项目培训出来的，他们在培训的过程中非常认真，充满热情，正因为这样，他们的水平提高得很快。

美国人看重的是教师怎么教，怎么引导学生，怎么鼓励学生，怎么激发学生兴趣，怎么规范学生学习习惯，至于教师教什么内容是排在后面的，而且这不是教学实践者要关心的事，而是课程研究人员的任务。当然，如果不会教书，水平再高也会被淘汰，我亲眼见到一所高中开除了一位康奈尔大学数学系的博士生！

公立高中的教师职位是有保障的，如果想进入公立高中需要有研究生文凭和教师资格证书，光证书一项就需要修很多课程，接受很多培训。

反观我国师范院校毕业的学生所学习的课程以及教师每年所参加的培训，可知我们还有很多要学习、借鉴的地方。

美国中小学的代课教师制度

我在美国学校参观时，总会碰到一些教师不上课，一问，说是临时的代课教师。我就问校长：教师也会有事或生病，一旦出现这样的情况，是不是就由这些代课教师来教学？具体如何操作呢？

美国公立学校系统的人事、财政等全由学区掌控，各校校长没有人事权，也没有财政权。代课教师由全学区统一分配调度。任何人，只要获得一个学士学位，并且考过了州基本教育水平考试，就有资格在这个州的任何一个学区担当代课教师了。美国大部分州不要求代课教师拥有教师资格证。

每个学区都有很多人登记当代课教师，代课教师只分小学和中学两个部门。假如某个教师病了，明天不能上课，可以上网登记一下。假如他认识某些平时经常帮他代课的教师，就可以在登记的时候把那位代课教师的号码填写进去。学区的电脑中心收到登记以后，会打电话通知那位代课教师。假如不填号码，电脑中心会随机分配一位代课教师。

代课教师的工作不稳定，工资也不高，假如没有人要求其代课，他当天就没有收入。但是，不少人喜欢当代课教师，一般是退休的教师，他们不想闲着，但也不希望工作的时间太长。还有一些是家庭主妇，自己出来代代课，赚些零花钱。另外有一些是希望将来当教师的年轻大学毕业生，先代代课，在赚钱的同时也经历一下真正的课堂教学，看看自己是否喜欢当教师。

因为绝大部分的代课教师不具备教师资格，因此，代课教师基本是不用教书的，只是看着学生做作业，只要学生不打架，不出什么乱子，就好了。代课教师也不必批改作业。

还有一种代课教师是长期代课教师，是以代课教师的身份，在学校里面负责学生统考、整理成绩、一对一补习之类的工作。这种代课教师通常不是正式教师，所以学区不必负责他们的退休、医疗、人寿保险之类的福利，他们的工资也比普通教师低。

目前，我国二孩政策的全面实施，无疑是利国利民的好决策，但相关的配套工作也必须紧紧跟上，特别是对中小学教师可能缺员这一问题，要及早考虑和解决。

因生育二孩而导致的教师缺口具有一定的普遍性，特别是农村中小学校的情况更严重。因为相对而言，要求生育二孩的农村女教师比例较高。现在，国家应该赶快采取一些应对措施。比如，根据学校处于育龄期的教师的人数，按比例适当增加师资；又如，某一级教育行政机关，如乡镇教育办公室或区教育办公室等专门储备若干名教师做代课用；再如，可以拨出一些专款，用于学校请代课教师，让代课教师也能得到比较高的代课金。

美国教师如何上课

在美国学习考察期间，我所接触到的美国教师都非常敬业。每天早晨，我和 Lyons 校长 6 点 30 分就要出门，7 点左右到学校。我看到很多教师都在这个时间赶到学校，到了之后就直奔他们的教室，准备上课时学生需要或自己使用的物品。

美国教师的压力比较大，每天必须上 3～5 节课，并且是不同层次、不同内容的课。课堂模式一般是上课前让学生知道这节课的目标，课堂上教师提出涉及本节课内容的几个问题，让学生进行讨论，先假设后验证，课后作业大都是论文、课题研究，教师批改作业的难度比较大。

美国中小学的教师用书已经给教师提供了针对每节课的教学计划，所以教师在备课中就可以用大量时间和精力来思考教学计划的整体性和教学计划的科学性。

美国教师备课时主要考虑以下四方面问题：了解学生、选择课题、明确目标、设计活动。

其中，设计活动是美国教师在备课过程中非常注重的环节。他们往往会设计学生感兴趣的教学活动，如游戏、幽默故事、辩论等。活动实施的过程一般是这样的：教师介绍，进行技术指导；学生选择资料和材料，开展活动，教师评价；结束活动。

除了这些，美国教师在备课中非常注重教学技巧。比如，美国教师一般认为好的导入可以这样：讲故事、提出引导性问题、展示图片、角色扮演、讨论线索、做一个猜谜性的游戏等。此外，教师在备课中还会考虑怎样结束课程、怎样评价学生的收获等技巧。除此之外，美国教师还注重充分发挥学生的主体性，注意培养学生的合作意识，注重教学内容的迁移，强调课程的整合性。

美国教师上课有很强的公开性，其他教师、领导甚至家长都可以随时听课。我们去参观学校时也可以随时进入任何一间教室听课并参加教学活动。不过美国的校长和其他教师一般不会轻易评价教师的课程，以体现对教师专业能力的尊重。所以，美国教师在课程设计和课堂教学过程中有很强的自主性、权威性和灵活性，充分体现了专业化特点。这样做一方面可以使教师根据大纲、依据教材来授课，并接受公众监督；另一方面，教师也可以充分依据自己的特点和学生的特点创造性地运用教材，设计别具特色的课程。

因此，美国教师在教学过程中非常活跃。他们会采用各种方式调动学生的学习积极性，使学生喜欢自己的课程。

美国教师在第一次和学生见面以及每一堂课的开始，都注意主动地与学生建立良好的关系，用笑容、幽默或食品来吸引学生。无论对多大的学生，美国教师都是这样欢快地建立一个活跃的开始的。比如，有的教师每次课前都给学生发糖，以调节课堂的气氛。

另外，注意重复学生的回答，也是美国教师常用的与学生主动合作的技巧。这种重复体现了教师对学生的关注和尊重，使学生有一种愿意参与的感觉。教师活跃而认真地倾听学生的表述，也是一种主动与学生合作的做法。这充分体现了教师对学生思考和智力创作的尊重，能鼓励学生将自己的想法充分地表达出来，激励学生勇敢地进行创造性的思考。

我们参观的布瑞斯托东方高中，每节课 84 分钟，课间 3 分钟，每天 4 节课，教师很少出自己的教室。我问过一位教师，课间只有 3 分钟，学生能来得及上厕所吗？她很诧异地回答我说，这 3 分钟只是学生走班换班的时间，而不是上厕所的时间，只要有需要，学生在课堂上随时可以上厕所。这与我们是截然不同的。美国教师中午没有午休，只有 25～30 分钟的午餐时间，紧接着可能又要上课。每天 2 点 30 分下班后，有的教师会继续留在教室备课、批改作业，当然我也见过教师把作业带回家批改的情况。

美国教师在哪儿办公

在我们参观的各所美国学校，除了学校管理人员有固定的办公室以外，专业任课教师都没有办公室，不像在我国，学校学科组甚至是年级学科组都在同一个办公室里集体办公。他们所谓的办公室就一间间教室。教室门上贴的是写有教师姓名的标签，甚至是照片。教室相当于教师的个人名片，所以每位教师都会花很大的心思根据学科需要来布置属于他自己的这块领地。这种做法既符合学科特点，又充满个人特色。每间教室都有电话，如果有特殊情况，电话打来，教师可以接听。

教室里的书架

教师的办公桌大多在教室的前面，教室还设有书架，学生可以随时取用书架上的课本，工具书也应有尽有，就像是一个小型阅览室。还有眼罩、计算器等，这些全由教师准备。选修课教师布置的教室如同一个个作坊和车间，如学摄像的教室满是各种药液和显影粉，手工教室里有各种型号的螺丝刀，等等。但最引人注目的是，每间教室的空间都被教师的鼓励性话语、学生的作业展示等占据了。从幼儿园到高中甚至到大学，教室和走廊的墙壁上都是这样的。有固定办公室的管理人员，他们的办公室也充满了温馨的气氛，家人的照片随处可见，各种工艺品、礼物摆满了窗台和书架。一位教师将我们送的剪纸、版画摆在了书架上，还骄傲地将我们叫去看。即使是校长、助理校长的办公室也充满了浓郁的个人特色。

教室墙上学生的作品

诸副校长的房东 Marie

诸贝贝副校长的房东 Marie 是一位历史教师，意大利后裔，出生在美国。她热情、活泼、大方，总是面带笑容。她去过中国，对中国文化很是喜欢。她是中美文化教育交流协会的成员，每年都会接待来自中国各地的访学的校长和教师，在这方面她很有经验。诸副校长是高中地理老师，不会说英语，她们之间的交流就凭诸副校长带去的一个快易典。

下面的文章摘自诸副校长的博客。

天涯若比邻——在美国找到了知己

刚与房东 Maria 接触时，我就感到了语言障碍，我的英语水平不足以让我听懂她流利的带有意大利口音的英语，除了仅有的几句简单的句子我能听懂，对其他的我只能不断地“I don't know”。我真的很担心，不知道怎样才能与 Maria 进行长达两周的语言交流。

到 Maria 家的第一天，与她交流时我绞尽脑汁，不断地想、说、写着英语，有时不得已还得打手势、做“形体表演”，Maria 则通过画图或书写（我能看懂英语，但听力差）来表达她的意思，就这样勉强交流着。第二天，有心的 Maria 找到了英汉互译的网站，我们就可以通过电脑先把自己想说的话用母语打出来，然后点击翻译按钮，马上就变成对方可以读懂的语言了，十分快捷准确，我们因语言产生的距离瞬间缩短为零。

我想，如果我是一个接待家庭的成员，我会如何为房客做准备？会想得全面、做得周到吗？一个外国人，住在别人家，语言不通，生活习惯不同，心里会很焦虑、孤寂，如果不解决这种心理问题就会失去交流访问的意义。Maria 最令我感动的就是，她能够理解我的心情。

照片登上了美国当地的报纸

这一天，一出门，只见漫天雪花在空中飞舞。来到美国后，雨天、晴天我们都经历过了。今天，我们欣赏到了久违的雪景，真漂亮啊！我们来到伍得兰德地区高中后，助理校长 Marron 领着我们到了一间小型会议室，7 名指导教师（相当于政教处的教师）正在等候我们。我和诸副校长问了他们几个问题，然后观摩了合唱课、绘画课、摄影摄像课等。合唱课上，我还教学生唱了一首汉语歌曲《祝你生日快乐》，他们积极地学唱，气氛十分热烈。

回到校长室后，当地报纸的一名记者采访了我们，还与我们一起去教室观摩，并在餐厅边吃边聊。刚到美国时，由于不太熟悉美国教师和学生的语音语调，我每次都让他们适当地放慢语速。但是才过了不到两周的时间，我突然感觉到我的听力有了飞速的提升，和这名记者对话时竟然那么流畅，她说的每一个词我竟然都听得那么清晰明白，那种感觉真是太好了。只是遗憾刚刚适应，我们马上就要离开了。

Lyons 校长赠送我们分别礼物

第二天下午 1 点 30 分，在布瑞斯托东方高中的学校图书馆为我们举行了一个小小的告别会，Lyons 校长、助理校长及几位接待过我们的教师都参加了。大家依依不舍，非常留恋这段在一起的时光。

临走之前，使我既意外又惊喜的是，上次那位记者去采访我和诸副校长的文章见报了。看到我们俩的照片出现在美国的报纸上，我们都很激动、兴奋。

以下为文章内容的译文。

学校接待中国客人

来自中国的两位副校长开始了对伍得兰德地区高中的访问。她们离开时说，她们已经成了这个大家庭中的一员。

邵淑红和诸贝贝作为康州—山东国际交流项目代表团成员于本周参观了 16 号地区（Region 16）的两所中学，周一、周二在郎瑞沃初中，周三、周四在伍得兰德地区高中。

“我们俩都为这所学校骄傲，”淑红说，“我们会想念这所学校的。”

“我们也会想念你们。”伍得兰德地区高中的助理校长 Maureen Carroll 说。

教育局局长 James C. Agostines 说，淑红和贝贝原在布瑞斯托东方高中考察，但她们还想参观更多的郊区学校。

和记者的合影

“这就是我们如此幸运能拥有这些访问学者的原因。”他说。

16 号地区与山东不是第一次交流。2005 年，郎瑞沃初中的一名教师 Maria 就访问过山东，而此次贝贝在访问期间就住在她的家里。

监管 Beacon Falls 和 Prospect 两市学校的地区负责人于周一召开了一个接待会。两个市的市长都表示了对淑红和贝贝的热烈欢迎。Beacon Falls 市发布了一个公告，Prospect 市给两人各送了一把代表荣誉市民的钥匙。

淑红和贝贝与师生们交流了两国的教育和文化。英语专业出身的淑红为不太懂英语的贝贝翻译，因为贝贝教地理。她们观摩了许多课，从艺术课到西班牙语课。她们观察教学的情况，也以中国文化和地理状况为主题进行了演讲。

她们与师生们交换了礼物，贝贝还骄傲地穿上了学校赠送的校服。

淑红和贝贝分别在不同的城市工作，相距300多千米。淑红是山东省淄博实验中学的工会主席，贝贝是山东省青岛第二中学的副校长。

伍得兰德地区高中和她们所在的学校有明显的不同。伍得兰德地区高中有800名学生，而她们的学校一所人数超过5000人，另一所人数超过2000人。伍得兰德地区高中每班有25人，而在中国，每班有50～60人。

伍得兰德地区高中的学生走班，而在她们的学校还没有实行这种制度。

让淑红印象最深的是学校教职工对学生满满的呵护和关心。“学生是一个国家的未来。”她说。

和记者一起用餐

贝贝说这儿的教师尊重学生，学生也尊重教师。“我认为这是真正的尊重。我们被这种尊重感动了，我们感觉每一个人都是平等的。”她眼含热泪地说道。贝贝还描述了她们参加伍得兰德地区高中合唱课的情景。

淑红和贝贝观摩的最后一节课是西班牙语课，由世界语言部的主任Loren Luddy讲授。下课后，我们一起步入咖啡厅共进午餐。她们要了油炸玉米粉饼、辣调味汁、酸奶、米饭等，边吃边谈。

淑红把这次访问称为一次难以忘怀的经历。她和贝贝希望美国学生能够去中国参观，体验中国文化。

参加家庭乐队晚会

周六的晚上，受到 Maria 的邀请，我们 6 个山东教师与所寄宿家庭的房东在 Maria 的朋友 Susan 的家进行了一次大联欢。

Susan 的家就在美国民族英雄 Nathan Hale 的家乡 Coventry。路上 Maria 给我讲了 Hale 的故事，碰巧原先初中的英语课本上有这篇课文，我教过。Hale 是美国独立战争中的“大陆军”战士，毕业于耶鲁大学，志愿参加军事情报工作，结果被英军以间谍罪绞死。他留下最为著名的遗言，“I only regret that I have but one life to lose for my country”（我唯一遗憾的是，我只有一次生命献给我的祖国），成为美国著名的爱国者和民族英雄。1985 年，他被州政府正式授予“康州英雄”称号。美国中央情报局在总部大楼前树立了他的雕像，他的言论经常被引用来作为情报局的指导原则。

演唱英文歌曲 *Edelweiss*

在对 Hale 英雄事迹的讲述中，我们到达了 Susan 的家。Susan 的家是一座二层小楼，下面有一间地下室，里面有各种乐器。我们 6 个来自山东的教师也快有一周没见面了，大家都在激动地诉说着这一周的见闻和奇遇。晚餐是各种馅的比萨和饮料。没等我们吃完，就听到地下室里热闹非凡，乐队的演出开始了。

乐队共有 6 人，Susan 的丈夫是吉他手、主唱，每个人都投入地弹奏着、唱着，我们也不自觉地加入他们之中。我们尽情地唱歌、跳舞，每个人都忘记了自己，所有人都被这种热情感动了。在这期间，我还唱了一首 *Edelweiss* 献给美国朋友。最后我们一起高唱 *Aule lang Syne* 结束了这次令人难忘的晚会。

这次做客，我有以下几点感悟。

第一，国外朋友聚餐非常随意，喝饮料，吃比萨、甜点，随便走动交流。

第二，主人不出来送客人，这一点我们感触很深，和中国的风俗习惯太不一样了。

第三，乐队成员都有50多岁了，他们不仅是自娱自乐，听说还要出去巡演。

第四，主人家的墙上、橱柜上都贴着、摆着家庭成员的照片。

第五，他们从来不用油炒菜，全是烤的、拌的食物，所以厨房非常干净整洁，各种电器如洗碗机、打蛋机、咖啡机等应有尽有。

美国

学校课堂篇

下午 2 点 30 分是开始上课还是结束

我记得自己曾带领高三学生做过一篇反映美国校园生活的完形填空，其中有一道题大体意思是这样的：

It is 2:30 pm，and the class ________. The students go to different places to have their activities.

A. begins　　　　　B. is over

大家猜猜我们的学生大部分填了什么。对，大部分学生选了 A，然而正确答案是 B。下午 2 点 30 分不是开始上课的时间吗？大家都以我国的文化背景去选择，岂有不错的？

美国学校上课的时间是高中 7 点 30 分，初中 8 点，小学 8 点 30 分，放学的时间是高中下午 2 点 30 分，初中下午 3 点，小学下午 3 点 30 分。Lyons 校长告诉我，这样安排有两个好处：一是可以有效、合理地使用校车，上学、放学都是先送高中生，再送初中生，最后送小学生。二是大一些的哥哥或姐姐可以早早放学回家照看弟弟或妹妹。美国大部分家庭都有至少两个孩子，而且在美国，让小于 12 岁的孩子独自留在家中是犯法的，所以大孩子可以早些回家照顾小孩子，以给父母留出外出的时间。听到这里，我不禁为他们的人性化安排叫好。

而我国学校的放学时间正好相反。小学最早，在下午 3 点 30 分至 4 点，初中在下午 6 点 30 分至 7 点，高中有晚自习，在晚上 9 点至 10 点。

此外，美国学校放学较早，还是为了给学生留出大量的课外活动的时间。美国学校的课外活动丰富多彩，以培养学生服务社会、回馈社会的公民意识和责任感。学校有各种各样的俱乐部，如各学科的文化活动俱乐部，以及各种体育运动俱乐部。另外，学校鼓励学生利用课余时间去做义工，到社区的医院、图书馆等处开展服务性工作，以丰富他们服务社会的经历，培养他们的社会责任感。

课间3分钟

在布瑞斯托东方高中，每堂课的时间为84分钟（除周三，这一天会早早放学，学生要参加各种社团活动，教师要进行各种形式的集体教学研究活动），课间时间为3分钟，主要用于学生走班换教室。我们问Lyons校长："上课时间长而课间休息时间短，学生能高效地学习吗？效率是否会降低？"他回答："不会的。"我们再问："您怎么看待中国学校的每堂课45分钟，课间10分钟？"他说："中国学生听话，课间10分钟不会发生问题，美国学生不如中国学生听话。"我们不明白这种回答是一种肯定还是一种否定。

我们第一次听Lyons校长介绍他们每堂课84分钟时，还以为听错了，便又问了一遍。得到肯定的回答后，我们还是想象不出这84分钟下来，教师和学生会是什么样子，后面的课该怎么上。但是当我们走进教室听课后，尤其是两周来一直在课堂听课后，我们才知道，他们的课堂并非我们的课堂。

我们的课堂教学以教师讲为主，至今仍存在"满堂灌"现象，容量大，难度也较高；而美国的课堂教学主要是师生探究、讨论，学生思考、实践，容量小，难度低，没有厚厚的课本和作业，更不见随堂测验和提问不会便罚站等现象，但强调师生、生生交流，强调形成个人的观点。所以美国学校的一节课，不会令人感到负担重，也不紧张，甚至很轻松。有些学生的观点很有意思、很怪异，更有不少创意。大部分问题都没有标准答案，答案都取材于学生的生活和日常知识积累与思考，教师的评价多是赏识性和鼓励性的，几乎没听到教师的指责和批评。

但我们的课堂呢？教师要提问了，学生都低着头，生怕被叫到；学生的回答总有不足，不是被教师指责就是被同学嘲笑；没有人关心学生自己对问题的认识，大家都必须按照标准答案来回答；课堂上，教师和学生按照模式拼命讲练的内容都是考试要考的。所以我们培养有创新精神的学生和教师的道路还很漫长。

一堂令人印象深刻的科学课

早晨到布瑞斯托东方高中后，我们听了 Orlando 老师的一节环境科学课。Orlando 老师先在教室里对学生提出了要求，然后学生分三组到学校后面的小河边、山顶上取雪水。有个男生甚至穿着短裤，但是他说并不冷。取水后，学生又回到了实验室。教师让学生戴上防护眼镜，一个个看上去怪怪的，但是他们的神情十分自然。教师给学生分发了 pH 试纸以及一些小药片，学生便行动起来了。良好的学习规范让学生有条不紊地进行着实验，自己亲手验证着奇迹的发生。

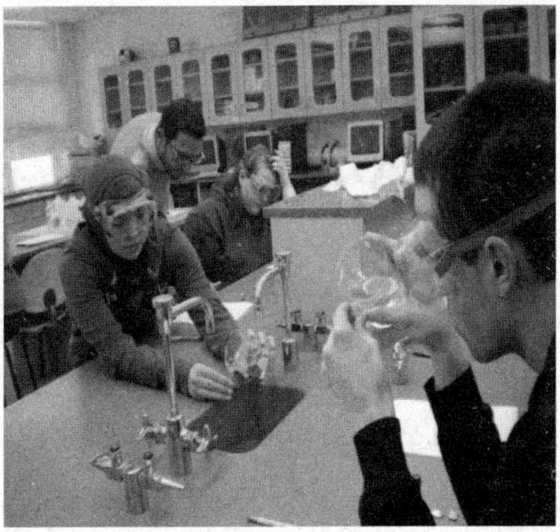
戴防护眼镜做实验的学生

美国高中科学课程注重理论联系实际，尤其重视实验操作。高中生除在学校的实验室里学习之外，随着课程的深入，还常常要到科研单位或公司的实验室上课，有时还要到州立实验室去。科学学习成绩的评定，主要依据也是实验操作的水平。

科学类的课程很多，如物理学、化学、生物学、地质学、生态学、环境科学等。很多分科又各有荣誉班课程、加速班课程和 AP 课程等。假如学生打算为将来进大学攻读理工科做准备，那么一进高中，就要选择难度大的科学课程。

我发现，中美两国学生在上科学课时有显著的差异。我国学生以书本学习为主，美国学生以动手操作为主。在上新课时，美国教师并不像中国教师那样先讲授或先让学生观看教师做的演示实验，而是把学生分成小组，带领他们进行实验活动。学生把实验现象记录下来，并进行分析。做完实验后，学生再阅读教科书，查阅相关的资料。他们各自得出自己的初步结论，然后与小组内其他同学分享彼此的实验结果。最后，教师花一点时间总结实验流程及结果并提出理论依据。这样，学生独立思考和解决问题的能力就得到了培养。

一位访美学者对中美两国的生物实验课做出了比较：中国生物实验课的实验常常是在教师讲课之后进行的。首先，教师详细地向学生解释实验的目标、要求、方法和设备，然后学生像照着烹调书做菜一样做实验，他们“知其然，不知其所以然”。而在美国生物实验课中，实验通常是在教师讲课之前进行的，实验手册没有关于实验的详细解释，而只是列出一系列问题。教师引导学生理解这些问题，然后学生独立做实验。他们必须积极地思考、阅读、设计、观察、记录并得出结论。显然这种方式能够有效地培养学生的能力。所以，中国学生的动手操作活动是试验性的，而美国学生的动手操作活动是探索性的，这也或多或少地回答了“钱学森之问”。

体育课怎么上

2016年的里约夏季奥运会上，美国代表队的555名参赛运动员中，80％是在校大学生，加上一些高中毕业生，业余运动员居然占90％左右。就是这样的业余代表队获得了46块金牌，占据奥运会金牌榜首。当然，这是美国崇尚体育的价值观带来的自然结果。如果不理解体育在美国教育中的地位，就不能真正理解美国的校园文化。

美国教育看重体育，所以在美国学校中，体育生往往比“学霸”更出风头。质疑者认为，这是美国学校中的反智主义倾向。但实际上，如果你足够了解他们重视体育特长培养的原因，也许就会觉得并不能这样简单地、非此即彼地理解。

美国大多家长认为，体育活动实际上锻炼的是孩子的人格和品质，以及孩子在团队活动中的合作能力、领导能力，同时体育活动也能为孩子创造吃苦和失败的机会，培养他们的吃苦精神和承受能力。这也是为什么美国孩子大多会选择团队运动项目，而不是个人运动项目。

上体育课的学生

在中国，“学霸”是最受教师喜爱的，其他学生和家长也常以羡慕的眼光看着“学霸”，“学霸”集万千宠爱于一身，无往而不利。而在美国，哪类学生最受关注呢？不是“学霸”，而是橄榄球队队长。

在美国，如果有学生考SAT拿到满分，被哈佛大学录取，不要说上学校网站头条，就连相关新闻都没有。但是如果哪个学生将在大学里参加体育队，那可是他所在的高中的特大光荣。在学校网站的首页可以看到该学生和其未来就读的大学的教练握手的照片和相关新闻，校长也会亲自接见该学生。

美国人觉得体育是锻炼人格的活动，而不只是为了强身健体。美国各个小镇上都有政府支持建立的各项团体运动项目的体育俱乐部，俱乐部的教练都是爸爸们。无论他们多忙，但总是会抽出时间做足球教练或橄榄球教练。他们年轻的时候也是运动员。

这些非职业教练不只是鼓励孩子赢球，更多的是培养孩子的团队精神、体育精神、忍耐力、态度，以及如何在惨败后吸取教训等。

我认识一个美国爸爸，每天都需要开车去其他的州上班。但再怎么累，周六早上6点他一定会出现在冰球馆，兼职儿子所在的冰球队的教练。

我国的家长常常抱怨现在的孩子不愿意吃苦，但是实际上是家长没有给孩子提供吃苦的机会。在美国人眼里，把孩子在高中三年里只去贵州一周做支教的经历作为吃过苦的证明简直是个笑话。

我觉得现在让孩子在体育活动上吃些苦是有必要的。我认识的一些美国孩子小学每周花5个小时参加一项体育运动项目，很多孩子甚至同时参加两项，到初中后，每周体育运动时间少的约10小时，多的约20小时。

练冰球的孩子周末早上5点起床，游泳队的孩子早上上课前有游泳训练，下课后再回到泳池训练。这样训练下的学生才能算有特长，才能在顶尖高中体育队占据一席之地。不少中国学生参加美国体育队的训练后，体力都撑不住，很难和美国孩子一较高下。

目前，很多中国家长已经意识到了体育的重要性，但是还不知道如何帮助孩子选择体育运动项目。家长要根据孩子的能力去选择孩子喜欢的运动项目。根据美国儿童医生的建议，11～14岁的孩子每天需要至少做1小时的运动。

家长不要太在意一开始孩子的体育成绩好不好，是不是取得了名次。随着孩子的身体发生变化，成绩自然会有改变，重要的是孩子的兴趣和家长的坚持。家长要有这样的意识：体育棒的学生会有更有趣的人生。

然而在我国，中学生的体育课经常变成“放羊课”，或者动不动就被其他课占用，一点地位都没有。

中美体育教育的区别，从根本上说，还是应试教育与素质教育的区别。社会环境和背景不一样，人们对体育教育的态度、看法就不一样，政府对体育教育的投入也不一样。

中国的各体育运动队基本是以国家、省、市等各级政府的名义组成的，下设体育局，管理着众多官员、教练员、运动员。总之，政府行为主导着中国的体育界。

支撑美国体育的主要是大学体育。当然，在篮球、美式橄榄球、棒球及冰球等项目中，职业比赛占据着主导地位，但是职业运动员中的绝大多数来自美国各大学。美国的许多大学都有体育部门，其除了负责教授体育课外，还负责各项目的体育比赛。有些大学教练的工资可能是学校教师中最高的，大多数教练是学校聘用的。而运动员是由教练从各高中相中后通过考试，达到各校的基本要求后被选上来的，一般都有奖学金，但没有工资。运动员在校期间，除了参加训练、比赛外，也要上课，通过考试。美国的各级政府不负责体育活动，国家队也不是常设的。

比较两种体制，中国的体育体制在充分发掘人才，特别是冷门项目上，能起到很大的作用。集中力量办竞技体育，能拿到更多的金牌也是不可置疑的事实。但是，美国体育有着更多的优越性。首先，美国各级政府因为不负责竞技体育，所以将经费（也就是纳税人的钱）都用于老百姓的体育运动事业，在各个城市都可以找到免费的网球场、篮球场等体育场地。在中国，由于各级政府要负担竞技体育的费用，承担运动员、教练等人的工资，还要承担训练所需的器材及场地等的各项开支，所以体育经费就难以用于老百姓身上。那么，美国的大学体育是否要花纳税人的钱呢？不能说不花，但要少很多，因为美国大多数学校是私立的。即使是公立学校，因为大学的运动员不拿工资，许多热门体育项目还能为学校赚钱，可以用来贴补冷门体育项目。其次，不必考虑运动员的后路。在中国，运动员的后路是体育部门很大的负担。运动员因为从小从事体育运动，文化知识贫乏，长期训练比赛也带来伤病，退役后很难安排。而美国大学的运动员，无论是入学，还是在校期间，都要达到一定的要求，尽管这些要求标准比较低，但他们还是学习了一些知识。能进职业队固然好，即使进不了职业队，毕业后进入社会也能自己找工作，不会给学校与政府带来负担。最后，美国没有常设国家队，所以参加重大国际比赛时使用选拔制，减少了很多矛盾和社会成本。当然，国情不同，我们也不能生搬硬套。但是，政府全力办竞技体育必然会伤害全民体育的普及，我们应逐步地加以改变。

疯狂的阅读

在美国学习考察期间，我们参观了斯坦福德小学。这是一所包含幼儿园到小学五年级的学校，共有300多名学生，其中幼儿园有78个孩子。校长Cassinn热情地接待了我们。我们参观了学校体育馆，五年级的学生正在上体育课，有的在练舞蹈，有的在攀岩，有一个学生还为我们表演了迈克尔·杰克逊的舞蹈。他们个个生龙活虎，让人感动。之后，我们又参观了音乐课、特殊教育课等。在五年级的一节阅读课上，学生向我们提出了许多问题，我们一一进行了解答，还教学生写了“中国淄博”几个字，学生都写得特别认真。

我最感兴趣的是走廊上的一张张孩子捧着书阅读的照片，照片下还标明了学生正在读的书的书名。照片中从幼儿园到五年级的学生都有。我问了一下，原来是学校让爸爸妈妈把孩子在家阅读的照片拍下来进行展览。

走廊上的照片墙

在美国，阅读不是从娃娃抓起，而是从0岁开始！在网络流传的很多帖子里，都说外国孩子从小不学习，其实这是我们的误解。在荷兰，4岁的孩子就开始到图书馆借书。而美国孩子的阅读，简直可以用“疯狂”来形容。

美国学校一开学就会摸底孩子的阅读水平，可以说，美国的小学教育甚至是学前教育对阅读的重视程度简直到了无以复加的地步。对阅读习惯的培养，就像我们中国人认为的“学好数理化，走遍天下都不怕”一样在美国根深蒂固。因此，在美国，从学校到家庭再到社会，都给孩子创造了无数阅读机会和合适的阅读环境。

在斯坦福德小学，孩子在刚入学的时候，教师就做过摸底，然后根据不同的阅读水平将他们分成不同的阅读小组。每天早晨 9 点上课之后，一年级三个班的孩子会根据自己所在的阅读组，到不同教师的班上去进行一个小时左右的学习和阅读，教师会选择适合孩子水平的读物。

据一项调查显示，美国小学生的阅读量是中国小学生的 6 倍。美国的各种书籍印刷精美，纸质良好，而且分类极其细致，即便是大家耳熟能详的“托马斯火车和他的朋友”系列，也不像我们中国只有一个版本，而是从适合一两岁孩子看的简单的“托马斯”单词书，到适合二三年级孩子看的“托马斯”小说都有。孩子可以根据自己的兴趣爱好去选择适合自己的书籍。

在指导孩子阅读方面，家长要先接受培训，学会辅导孩子掌握阅读的流程和方法。每个家长都有一本学习手册，里面包括无数条款，最重要的有两点：一是要鼓励孩子，多培养他们的信心，不能勉强孩子；二是出于对孩子的尊重，每次的阅读情况都要保密。

每个星期，孩子会从学校的图书馆借三本自己喜爱的书回家看，下周再还。像音乐课、体育课一样，他们有专门的图书馆时间，也算一节课，孩子可以去学校图书馆安静地看书，并选书带回家看。除了在学校图书馆借书，家长也会在市或社区图书馆给孩子借很多他想看的书。美国的社区图书馆特别多，几乎 10 分钟车程之内必有一个，而且全部是联网的。你可以在网上借书，指定你想取书的图书馆，他们准备好了书就会发邮件通知你，你直接去取就可以了。而且在任何一家图书馆借的书在其他图书馆也可以还，很方便快捷。每个星期，每个图书馆都有适合不同年龄孩子的“STORY TIME”（讲故事时间），图书馆会专门派教师来给孩子讲故事，每次主题都不一样，深受大家喜爱。所有这一切，借书、听故事、上网等都是免费的。图书馆还很细心地准备了适合不同年龄孩子阅读的书单，这样可以帮助家长有的放矢、方便快捷地给孩子选择合适的书籍。美国任何一个城市最好的建筑就是学校、图书馆和教堂。每个图书馆里都配有专门的儿童区域，这里不仅是儿童书的海洋，还配有儿童专用的电脑，孩子可以在这里玩一些专门为他们设计的小游戏。美国的孩子几乎从还不会走路就开始来图书馆“学习”，听故事，等大一点就会自己来借书、还书。在他们看来，每个星期来图书馆一两次是正常生活的一部分，和吃饭、喝水一样是必需的。无数的美国家庭成员都是在图书馆各取所需，度过了一个个阅读和学习的夜晚。在这样学校、家庭、社会多管齐下的帮助中，孩子想不爱看书都难，想不培养出良好的阅读习惯简直是天方夜谭！

“兴趣是最好的老师。”美国教育的出发点是“以人为本，尊重孩子”，所以才会让孩子有权利选择自己喜爱的文章去阅读，才会有可选择的家庭作业，才会让孩子自己去图书馆选自己爱看的书。美国社会对孩子阅读的重视看上去确实很疯狂，但奇怪的是，从来没有听到过类似于国内家长或孩子抱怨学校、抱怨奥数班、抱怨英语班那样的怨声载道，美国的孩子都是高高兴兴去上学，快快乐乐来读书。我想其本质不同在于，阅读也好，写作也好，学习数学也好，只要尊重孩子的意愿，让孩子有了兴趣，不觉得做这件事情是压力和负担，反而是一种享受，那我相信，这样的学习才是有效果的，是会让孩子受益终身并幸福快乐的。

中国的教育理念通常是，孩子是一张白纸，是靠大人教出来的，教师和权威是至高无上的，于是产生了灌输式教育法。同时，将数、理、化奉为教育的基础，加之高考的存在和资源的匮乏，孩子从事的是长时间的枯燥、乏味的演算，于是我们便打造出大量缺乏思辨能力和创造能力的人。而西方的教育理念通常是，孩子与生俱来拥有自己的精神胚胎，孩子是在自我教育中成长起来的，成人在其中只能起着创造适合孩子成长环境的作用，于是产生了启发式教育法。同时，他们将文、史奉为教育的基础，通过培养孩子批判式阅读的能力，让孩子拥有批判式思维，于是造就出敢于挑战权威、拥有理性思辨能力、具有创新能力的人。

结果，我们号称中国学生的基础很扎实，但是总与诺贝尔奖无缘；被我们认为数、理、化学得很浅，特别是数学能力很弱的美国学生，多年来几乎独霸诺贝尔科学类的各个奖项和菲尔兹奖。

《中国儿童早期阅读：现状与对策（2006 年修订版）》显示：中国儿童 8 岁才开始进入自主大量阅读阶段（而西方为 4 岁）；即使在首都北京，儿童阅读障碍发生率也高达 6%～8%；在美国、英国的幼儿园，阅读占到课程的80％以上；每天晚上睡前进行20分钟的亲子共读，已经成为大多数美国中产阶级家庭的习惯。由此可见，中国教育和中国父母做得还远远不够。

1957年10月4号，苏联发射第一颗人造卫星，震惊了美国。美国政府经过调查研究，发现阅读量是影响人的智力发育的一个重要因素，于是制订了一系列提升学生阅读量的举措。美国的统一阅读标准规定：初年级学生的读书速度为每分钟80～158个单词；中年级学生为每分钟175～204个单词；高年级学生为每分钟214～1250个单词。美国小学二年级的语文课本，一课就有六七页，课文多是关于小孩子的故事或名人童年的故事，也有诗歌。到四年级时，学生就开始阅读中篇小说。纽约州规定，小学生每年必须读25本书。美国一个大学生的平均周阅读量是600页。从小学到中学再到大学，没有一定的阅读量是不可能在标准化考试中取得好成绩的，这就是我们中国学生在美国的标准化考试中难以考出好成绩的重要原因。

美国学生的语言阅读课一般不讲语法和语言理论，主要是阅读，分为精读和泛读。精读课有些像我国的语文课，学生有统一的课本，由教师进行讲解，但主要的不是讲字、词、句，而是注重对文章内容的理解，要求学生对所学文章加以分析和评论，进行概括和复述。泛读课上，学生有较大自由，没有统一的课本，通常是教师提供一份书单，供学生选读，有时也指定若干本书为必读书。美国学生的阅读往往与写作联系在一起，一般来说，学生每读完一本书，都要写读书报告。美国学生读书面很广，虽以文学类居多，但也涉猎政治、社会、文化、历史、科技等书籍。

美国从事教育研究的学者认为，阅读课至少可从三个方面培养学生：一是词汇量；二是理解能力和概括能力；三是写作能力。阅读能带来什么好处？简单地说：读得越多，理解力就越好，就越喜欢读，就读得越多，就知道得越多，就越聪明。智力的核心是思维，阅读是开拓思维的极为重要的条件。苏联教育家苏霍姆林斯基研究了学生思维慢的原因后指出：学生在小学如果读的材料少，想的东西少，那么就会影响大脑的思维发展。

无奈的是，我国的许多家长愿意带着孩子出去吃大餐、旅游，给孩子买名牌衣服，却舍不得买一个书柜、一些书。孩子要求买书的时候还说太贵，特别是对于绘本类的书，说“翻几页就看完了”，等等。更为荒唐的是，家长自己不读书，不支持孩子读书，却要求孩子学习成绩好。不营造一个读书的氛围和环境，怎能将读书融进孩子的血液里，又怎能造就一个学习成绩好的孩子呢？能自己培养读书兴趣的人有几个呢？

心理学家科尔曼在研究中发现，在决定孩子的学习成就方面，家庭因素比学校因素更重要。有研究表明，家庭阅读环境在四个方面会对孩子的阅读产生影响：家庭中所拥有的阅读材料的数量；父母与孩子一起阅读的次数；父母进行阅读指导和鼓励的次数；父母作为榜样参加到阅读中去的程度。

所以，不要将孩子逼进考试的死角，培养孩子的读书兴趣比提高孩子的考试成绩更重要。大量的阅读是孩子成长的基石，能使孩子未来走得更远、更稳。

教唱汉语歌

这一天，我和诸贝贝副校长到伍得兰德地区高中观摩学习。我们观摩一节合唱课时，看到十几个学生正围在一架钢琴前面，美妙的和声一出就把我们惊呆了，真美呀！和他们短暂交流后，我和诸副校长商量教他们唱一首中文歌——耳熟能详的《祝你生日快乐》。诸副校长把中文歌词写到黑板上，我教唱。几遍后，学生就能够用中文唱了。我们把学生唱的汉语歌录制下来留存，还教学生写了“祝你生日快乐”这几个字。

教唱《祝你生日快乐》

教美国学生写汉字

为何美国人如此热衷于合唱呢？为何合唱在美国有如此高的地位呢？一方面，美国人认为合唱是净化人类心灵的最好方式，可以让每个人都真正地参与进来。在文化高度发达的现代社会，合唱艺术空前发展起来，它是衡量一个国家、一个地区文化是否发达的标准，也是衡量国民素质高低的标准。另一方面，美国人对合唱有浓厚的兴趣与他们的宗教信仰有关，美国人每周至少去教堂做一次礼拜，每个教堂几乎都有乐团和合唱团，人手一份谱子，随着钢琴或乐队管风琴演唱圣歌。许多学校在每年的圣诞节前一天，会公演有关圣诞的合唱音乐会。也就是说，美国的合唱是无处不在的。

在合唱课上，教师要教授学生演唱技巧，包括对一些歌唱问题的处理，如音色明暗的变化、声音力度的变化、声音力度的强弱和音域的宽广等。在100多人的合唱队里，一半以上的学生不是学音乐专业的，但他们大都有一定的音乐基础，而且都具备看谱即唱的能力，这跟他们的早期音乐教育有很大的关系。美国人训练合唱与我们不同，美国人注重利用手段来达到目的，运用生活中相应的事例来启发、引导学生，从而达到预期的效果；我们更注重的是结果，而忽略了寻求结果的过程。美国人的具体化、中国人的捷径化，是导致两国学生音乐学习能力差异的根本原因。

匈牙利音乐教育家柯达伊说："有什么东西比合唱更能表明社会的团结吗?"作为一种艺术形式，合唱不但具有艺术功能，也具有培养人的合作精神的功能，合唱的功能是任何单声部音乐都无法替代的。

学生职业生涯规划面试指导课

在布瑞斯托东方高中，我们观摩了一节学生职业生涯规划面试指导课，有10名学生和2名教师参加。其中一名教师负责面试，另一名教师即课程教师负责点评。一名学生接受面试，其他学生面前有一张评委答卷，需要从被面试学生的表情、眼神、提供的作品、手势、坐姿、站姿、回答问题的流畅程度等来判断是好是中还是差，然后打一个总分。接着教师点评学生的表现。每位学生都要准备好面试材料袋，其中包括给面试单位老板的自荐信、税单，甚至面试当天的穿着，上衣、裤子、裙子、首饰、鞋子等的图片全都粘贴在纸上。每位学生都可将资料拷贝在U盘里，毕业前可复制。

教师点评面试现场

面试着装设计

美国通过让学生建立职业生涯规划项目来培养学生的职业生涯规划能力，要求学生确立他们的学术和职业生涯目标，并在中学阶段开始制订真正的职业生涯规划。职业生涯规划包括对学生的技能、态度和兴趣评估的结果，学生在六年级时应该有职业关注，在七至八年级时应参与职业调查，在九至十二年级时应参与职业体验活动。

一个全面的职业生涯规划项目包括以下这些关键的成分：愿景（期望学生完成什么、它对学校的教育任务有何贡献）；保证（学校、学区、家庭和社区持续的资源投资和支持）；全面参与（所有学生参与规划的过程）；合作（在规划的过程中教师、家长、学生和各行业人士的协同努力）；管理（建立一个项目管理系统以保证各部门之间的合作、关联和项目实施，并保证从一个年级转到下一个年级的时候资源能得到有效利用）；评价（提供项目成功的证据）。

中学阶段是一个面临极大的机会和风险的时期，教育者的目标是激励学生制订职业目标并引导他们选择达到职业目标所必需的合适的课程。同时，中学的职业咨询和职业引导项目可以为学生提供为其未来的成功奠定坚实基础所必需的态度、知识和技能。这个项目的基础是有效的职业生涯规划——帮助学生把教育目标和职业生涯目标联系起来，并且通过校本活动使学生进一步认识、体验职业生涯发展。

当今，许多国家都开设了职业生涯教育课程，通过社会、学校的共同努力，帮助学生建立正确的自我观念，并借助职业生涯选择、职业生涯规划，以及对职业生涯目标的追寻实现与个人才能相适应的职业生涯目标。我国的职业生涯规划仅出现在大学，被称为“就业指导”，而在中小学几乎没有对学生进行过职业生涯教育。大多数家长和教师都认为中小学教育的唯一目的就是让学生升入大学深造，讨论学生的职业生涯是大学毕业时的事。忽视对学生进行职业生涯教育，使大部分学生对自己的未来缺乏责任感，也不知道自己的兴趣所在，往往依赖父母帮自己选择要学习的专业和从事的职业。他们一旦进入大学或走上工作岗位，发现自己缺乏兴趣或不能胜任自己的学习和工作，就会丧失学习和工作的动力。

要使学生自信地迎接未来的挑战，职业生涯教育是不可或缺的。对学生进行职业生涯教育，应重视以下几方面工作：第一，把职业生涯教育融入教学活动中。人的发展不是独立的、分离的，因此在从一个阶段发展到另一个阶段的过程中，需要建立有效的职业生涯发展任务，将职业生涯发展的概念融入教学活动之中，将学业的世界延伸到工作的世界，以帮助学生了解相关的基础知识与基本技能。第二，强调自知的能力。个人需要形成清晰的自我观念，并对职业与职业生涯发展方面的资料有广泛的了解，这样才能做出适宜的决策。第三，技能的培养。职业生涯发展是一连串决策的过程，因此教师必须使学生学会在面对各种决策情境时，能界定问题、收集并运用资料，以提高职业生涯决策的能力。同时，还要使学生具有自主提高工作所需的一系列技能的能力。第四，加强学校、社区及外部世界的合作。职业生涯教育的初衷就是打开封闭的校门，展现一个丰富多彩的外部世界，将学习和工作联系起来。因此，要多为学生提供一些参观工厂和实践的机会，邀请各界人士参与学生的活动，以帮助学生在职业方面进行探究并进行职业生涯规划。

这给了我们一定的启示：从初中开始，学校就要开设职业生涯教育课程，让学生慢慢找到发展的方向，然后有目的地学习；要尽量满足学生的需求，开设学生需要的课程。

我国的高考改革也将进一步鼓励高中生选其所爱，考其所长，改变一考定终身的状况，引入多元录取机制，即《关于深化考试招生制度改革的实施意见》倡导的“探索基于统一高考和高中学业水平考试成绩、参考综合素质评价的多元录取机制”，把单一评价方式扩展为综合评价方式。各省出台的新高考方案中，也将“自我认知与生涯规划”正式列入高考综合素质评价的内容中。

为了应对新高考，山东省部分高中已经开始先行试水职业生涯教育课程，对于高中生来说，除各学科课程外，不久后选课择业将正式成为一门课。我国也有了专门的职业生涯规划指导教师或导师，现在看来，对这些教师的培训已迫在眉睫了。

美国
学校学生篇

学生志愿服务者

山东省青岛第二中学　诸贝贝

在布瑞斯托东方高中考察时，Lyons 校长为我们安排了学校的一位“最优秀学生”作为志愿者带我们参观学校。这位学生的课程表的第一节课没有课（每个学生的课程表都不同，尤其从十年级开始，因为选修的内容不同），可以自由安排活动。在我们参观图书馆、食堂、教室、自习室等教学场所时，他负责随时解答我们提出的问题。Lyons 校长很用心，让我们站在学生的角度了解了学校。

整个过程中我在想：我们的学校是否也可以这样安排？我们缺少什么条件？这种安排对学生利大还是弊大？这位学生之所以对志愿服务积极投入，也是为其将来升入更好的大学做准备——他代表学校参与这些活动，就可以争得校方为之开具的推荐信，推荐信是对学生的信誉度和能力的评价、证明，其分量不低于考试成绩。所以我想，着眼高考，争取升入好的大学，这种追求本身并没有问题，关键是怎样引导这种追求，也就是达到一种什么标准，构建怎样一种适合青年学生的生存环境，让这种环境不与社会割裂，并且通过一代代青年学生传承下去，逐步改变社会风气。

都说未来是青年的，那么我们应该在青年学生身上培植一种怎样的社会基因，并使它能遗传下去？作为齐鲁教育的探索者，我们不要抱怨。有抱怨的时间和精力不如做一点实事，想想在自己可以施加影响的课堂上，能为学生人生的发展和生存培养些什么精神、品质、习惯、行为、技能……我们能做的事哪怕只有一点点，也要从自己做起，从自己的课堂教学做起，从自己的学生做起。我相信，只有做起来，才有做好的可能。

学生在校不值日

山东省青岛第二中学　诸贝贝

美国学校的教室和校园环境卫生都是由清洁公司管理的。每天一放学，清洁工人就会推着专用工具车，到每一间教室、每一条走廊去清洁：刷、擦、吸尘、喷雾消毒等。我注意到，每一间教室都没有扫帚和簸箕，但备有垃圾桶。学生是不从事这种劳动的，我参观的几所学校都是如此。

为什么不让学生清扫呢？将来学生自己家的卫生也是需要他们自己来做，既然这种技能将来要用到，为什么不把这项劳动变成学校的实践活动让学生参与呢？为了搞明白这个问题，我特意请教了布瑞斯托东方高中一位教师，她告诉我，她不知道这是为什么，没思考过它的缘由。

后来我问 Maria，她告诉我，清洁工人做这项工作很专业，他们有专业的工具、专业的技术，而且非常熟练，也能保障安全。学生将来如果要专门从事这项工作可以在实习期间天天练习，但如果仅仅是为了让学生体验劳动，可以做别的事情。况且，放学后是教师和学生自由支配的时间，学校不能要求他们每天留下来做这种事情。

在参观斯坦福德小学时，我们问如果学生因为生病而呕吐该如何处理，他们回答：通常的步骤是先组织学生撤离，以免传染，然后通知专业人员到场清理，专业的保洁人员要穿戴防护面具和衣物、手套，带上消毒用品才能操作。而反思我们的处理方式就比较简单了，这可能是源于我们的安全和防护意识不到位。

美国学校很注重培养学生的公共道德和公益意识，也注重培养学生的安全意识和效率意识，还关注对学生在活动中的情感、态度、价值观的培养，特别强调自觉自愿。我们看到，学生参与的许多志愿服务首先是安全的，而且学生都是自觉、认真地参与，很有责任心和热情地在做，没有嘻嘻哈哈、吊儿郎当、应付了事的情况。反观我们学校中的公益劳动，如每天的值日，只有部分学生能做到认真、高效，因为做值日要占用学习时间，并且有些辛苦，而现在的多数独生子女在家也几乎不做家务劳动，所以很少有学生是发自内心喜欢这项活动的。

难忘的篮球联赛

晚上7点20分，我们观摩了布瑞斯托东方高中和布瑞斯托中部高中(Baistol Middle High School)的篮球联赛。这次联赛在布瑞斯托中部高中的体育馆举行。体育馆上方挂满了这所学校历次获奖的紫色奖旗。馆内座无虚席，Lyons校长及两位助理校长也亲临观看，助理校长Daniel的儿媳妇及孙子、孙女也来到了现场。我问Lyons校长是否每次比赛他都来，他说若无非常情况，就每次都来，一是给学生助威，二是看学生的行为举止是否符合规范。在比赛现场，每当学生进球，校长们都会像孩子那样欢呼雀跃。最后布瑞斯托东方高中占了上风，赢得了胜利。我还开玩笑地说，是不是有我们在场，学生更卖力气了或者是我们的到来给学校带来了好运。Lyons校长笑着点了点头。

啦啦队队员的精彩表演

比赛过程中，布瑞斯托东方高中的学生在观众席上有秩序地喊着助威的号子，身体有节奏地晃动并拍手，看着真让人感动。休息期间，两校的啦啦队队员身着队装，表演着各自的助威舞蹈，专业又热情，有时几个学生托举起另一个学生，简直就像在表演杂技。她们的热情点燃了观众和队员的激情。退场时，我突然看到了感人的一幕：观众席上，几个女生将矿泉水瓶捡起来堆放在一起，以便于保洁员清理。一切都是那么自然。

在美国，高中篮球广受欢迎，以州为单位建立了体系完整、健全的高中联赛，全国共有100多万高中生参加校际间的篮球比赛，其中伊利诺伊州、印第安纳州和肯塔基州的高中联赛的竞争最为激烈，印第安纳州更是不分等级，所有学校只争夺一个被称为“疯狂的印第安人”的高中锦标赛的冠军。

虽然高中联赛最高级别的正式比赛只是州一级的锦标赛（并没有全国性的正式锦标赛），不过每年的2月，新泽西州的春顿市会邀请全美最顶尖的高中参加比赛，媒体还会依据各个球队的实力表现排出全国的前25名。

观看篮球比赛

山东省青岛第二中学　诸贝贝

一天晚上7点，布瑞斯托东方高中与另一所高中举行篮球比赛。美国高中的体育运动很盛行，且不同的季节会安排不同的活动和比赛。冬天，从安全和健康的角度考虑，多数是室内项目，如篮球赛；春天，开始有室外活动安排，如高尔夫球、棒球、跑步等活动和比赛。

Maria驱车把我们送到比赛场馆时才6点30分，上百个车位却已经满满的了。看到这么多车辆，我很吃惊：这是冬天，还下着雪，又是晚上，比赛结束将是晚上9点多，学生家距离这个体育馆都不近，家长不仅没有阻止孩子去搞这些看似耽误学习的体育比赛，反而兴致勃勃地与孩子一起参加这些活动。我感到美国的家长更关注孩子的健康成长，也更会欣赏和尊重孩子，更注意学校教育与生活的结合。他们认为，积极参与孩子所参加的活动，就是对孩子最好的支持和肯定，是家庭和睦的表现。

Maria在停车场转了三圈，还是没找到停车的地方。后来，我们发现离体育馆门口不远处还有一个空处，Maria把车开过去，发现旁边写着"这里不能停车"。Maria便自觉地把车停到离体育馆八九分钟路程的停车场，然后我们走回来看比赛。难道美国人都这么死板吗？不理会那个规定停车就可以省时省力，为什么他们不能"灵活"地掌握规则呢？我们思考着这些问题，不禁对Maria产生了钦佩之情。

一进体育馆，我们就被热烈的场面镇住了。看台上已经座无虚席，家长、学生、教师都来了，有些家庭甚至将亲戚朋友都带来了，会场十分热闹。比赛场上，双方的啦啦队队员正在尽情表演，她们的服装、表演和激情，绝不亚于职业联赛的专业表演。布瑞斯托东方高中的啦啦队中有一个胖女孩，她的表现一直与其他女孩一样，脸上始终洋溢着自信的笑，敏捷地转动，快速地跑位。我看到了她全身都流露出的那种自信，这使我感觉到我国与美国在对孩子教育的追求上有着巨大差距：我国的合唱队、舞蹈队、表演队等的组建，都要按照成人设定的标准挑选，不管学生的热情有多高，只要学生不符合外貌、外形标准，被淘汰是确定无疑的。但美国学校尊重学生的选择，有兴趣是最主要的标准，让学生追求快乐和幸福是学校教育的目标，这就使每个学生都有了去做自己喜爱的事情的机会，有了付出努力获得成功的可能，学生和教师也不会对任何人加以嘲弄和鄙视，这种宽容、宽松的氛围就是公平。

比赛一直进行到9点才结束，布瑞斯托东方高中的三位校长没有一个提前离开。比赛期间，观众席也没有人随意离开和走动。各队的学生观众组织得有序又不失激情，集体喊口号、唱歌、击掌和跺脚，节奏明快地给自己的队加油。正如校长所介绍的，这个晚上，就是培养学生如何正确观赏比赛、如何表达情感、如何展示集体力量、如何文明生活的。比赛结束后，体育社团部的学生自觉地把看台上的报纸、饮料瓶收集起来，用塑料袋统一装走。

这两个小时，我感慨万千。在中国受了40多年的教育（直到今天也在受教育并同时教育别人）的我，从没有过这种震撼。美国孩子的在校生活多么丰富多彩！美国学生为什么不像中国学生一样厌学？是什么让美国孩子的校园生活这样幸福、快乐？是学校教育的结果吗？是家庭教育的结果吗？是社会教育的结果吗？是同伴教育的结果吗？恐怕不是某一方面因素的力量，而是历史、国家对人的一贯的尊重，是全社会真正关心教育的结果吧！

学生轮流吃午餐

在布瑞斯托东方高中，助理校长Daniel给我们介绍了学校的校规和惩戒学生的规章。中午，另一位助理校长则介绍了学生分流吃饭的情况，我详细询问了这项工作的操作策略、步骤、时间等。我之所以这样感兴趣，是因为我在我们学校也分管这项工作，并且学校也存在吃饭拥挤的问题，至今还没有找到很好的解决办法。听说这所学校师生分流吃饭，我认为这是一种很好的安排，所以有必要详细了解，以找到可以借鉴的地方。

这位助理校长给我画图，在黑板上讲，还拿来安排表进行具体解释，我终于听明白了：学校上午第二节课下课（10点40分）后，从第三节课即10点45分开始，就安排学生吃饭。分流吃饭的安排原则是根据学科，编好次序后通知每班教师，并在第一批吃饭的班级的教室门上贴上吃饭时间。每批吃饭的时间是30分钟，吃完饭后回教室接着上课，没有课的就到图书馆学习。到12点40分开始上第四节课，下午2点放学。

在中国，用上课的时间统一吃饭，可能吗？这个班吃饭，出出进进，其他班教学能不受干扰？我们似乎形成了一种共识：课堂是极其神圣的，上课期间学生不能做任何与学习无关的事，不能外出上厕所，不能吃零食，不能喝水，不能随便下座位，不能……但美国的课堂是怎样的呢？上述我们不允许做的，他们都可以做，但我们没发现因此规定而导致混乱，课堂仍然秩序井然，安安静静。问题出在哪里？也许是因为我们关注的不是学生而是形式，我们追求的是秩序而忽视了学生的需要，我们太注重结果而忽视了过程。没有艰苦的过程、耐心地培养，即使产生了我们期望的结果，也不会持久。

我们所参观的四所美国学校都因为餐厅较小而实行学生分流吃饭制度。从上午10点30分开始就不断有学生到餐厅吃饭，每次25～30分钟，不到点即使学生已经吃完了，也不会离开自己的座位。铃声一响，学生就

美国学生正准备吃午餐

迅速撤离，清洁工进行打扫后又涌进下一波学生，直至中午。在一所高中参观，午饭结束后，清洁工刚将部分桌椅进行折叠，餐厅里忽然拥进来百十个学生，原来他们是来进行自修学习的。因为在美国，学生走读，所以没有固定教室，学生通常会在餐厅或图书馆学习一直到下课。

美国学校很重视学生午餐的营养搭配。很多研究表明，饮食习惯会影响学生的学习质量、学习表现及身体健康，营养不良的学生在课堂上往往会注意力不集中、学习表现不好。

美国学校会列出每周的菜谱让家长提前了解。不论是穷人家的孩子还是富人家的孩子，在学校吃的午餐都一样。那费用呢？穷人家的孩子吃不起怎么办？中小学生在学校吃午餐分三种购买方式：高收入家庭的孩子要自掏腰包，对低收入家庭的孩子实行减价折扣，穷人家的孩子吃饭则是免费的。这样穷人家、低收入家庭的孩子就不必为吃不起午餐发愁了，而且能保证有足够的营养。

据查，由联邦政府资助的中小学午餐项目始于1946年，国会立法将保证美国儿童营养健康作为维护美国国家利益的重要手段。目前，这一项目已涵盖美国10万多所公立中小学和非营利性私立中小学，2008年有超过3000万中小学生加入这一项目，其中的1800万中小学生享受免费或减价折扣的午餐。这一项目由农业部制定和督察学生午餐的营养配置，由教育部督促实施。美国中小学为学生提供午餐属于非营利性项目，因此不得从中赚取利润，联邦政府为每名享用免费午餐的学生每天向学校补助2.68美元，为每名享用减价午餐的学生每天向学校补助2.28美元，为每名自掏腰包的学生每天向学校补助25美分。

美国学生的课外活动

美国的高中每天下午 2 点 30 分放学，初中 3 点放学，小学、幼儿园 3 点半放学，所以，学生有充裕的时间从事自己所喜欢的课外活动。学生的课外活动被看作美国教育内容的重要组成部分。

1. 活动种类

美国学生的活动多种多样，可分为学术性活动、娱乐性活动、体育活动和社区活动四类。

（1）学术性活动。

学术性活动包括自然科学社、数学社、电脑社、写作社、编辑社、辩论社、拼写社、外语社、政治社、黑人历史社、反抗青少年犯罪社等。

（2）娱乐性活动。

娱乐性活动包括话剧社、吉他社、合唱团、乐队、舞蹈队、摄影社、桥牌社、未来农民社、少年企业家社、预备生活社、姐妹社团、兄弟社团等。

（3）体育活动。

体育活动包括各种运动队，如篮球队、足球队、排球队、棒球队、田径队、游泳队、高尔夫球队、网球队、举重队、保龄球队、体操队、啦啦队等，当然还有美国人最喜欢的橄榄球队。各种体育活动都有一名辅导教师。美国学校不组织课间操，也不开展体育节和运动会，有的只是半专业性的运动队联赛和训练。

（4）社区活动。

社区活动包括帮助病人、残疾人、智力障碍者、无生活能力的人和孤寡老人料理生活；为贫穷家庭的人检查身体和防治疾病，为他们补习文化课程和传授科学知识；为街头的流浪汉寻找住处；帮助酗酒者戒酒和吸毒者戒毒；等等。目前，美国有上千个全国性和地方性的志愿者团体，参加志愿者活动已成为众多美国人的自觉行动。社区活动的基本宗旨是让学生在课余时间接触社会，了解实际生活，积累一定的工作经验，培养学生助人为乐的优良品质。

每年开学时是各社团大张旗鼓招收会员的日子。学生只要交费即可参加，各社团每年收4～5美元会费。在一年里，学术性社团的会员可参加几次比赛。许多课外活动都有定期表演、校际比赛、州选拔赛、全国大赛，甚至世界大赛。各社团经费的来源，除收会费外，主要靠会员勤工俭学，如帮人洗车、扫庭院落叶、扫雪、推销礼品和演出门票等。

2. 亲历感悟

在美国考察访问期间，我们经常看到学校走廊墙上各团体活动的海报，如为重病患者献血的海报、为海地地震灾民捐款的海报、学优生为学困生辅导的海报、交换书籍的海报、体育比赛的海报、让学生远离毒品的海报等，令人目不暇接。刚开始我还拍了很多照片，感动又感叹，后来见多了才意识到，这已经是美国学生的常态了。不过，有一个活动不得不说一说。在一所中学，一个社团要求男教师蓄须拍照展出，让学生评选"最美胡须"，并在其照片前的罐子里放上至少1美元，最终这些钱将被捐给家庭困难的学生或生重病的学生。或许美国学生的善良、诚实、尊重他人的品质就是在一个又一个这样的活动中慢慢培养起来的。

美国学校把课外活动作为帮助学生增长才干、适应社会人生的重要措施，认为从课外活动中可以培养学生的竞争心理、责任感、领导能力和人际关系。据专家研究，在课外活动中表现突出的学生，将来很有可能成为学术或政治方面的优秀人物。美国大学已把学生课外活动的表现作为大学录取标准之一，各大学竞相录取学科成绩优良且课外活动表现突出的学生，有些名牌大学甚至将学生的课外活动表现得分提升到占总评分的25％。在美国高中，成绩好没有什么了不起的，但是如果一个男孩同时是橄榄球明星、篮球队队员、棒球队队长，那他肯定是全校女生追求的对象，即使他的学习成绩刚刚达到中等，他也有可能成为各所大学争相录取的对象，各所大学会将奖学金和各种优惠都纷纷提供给他。

我国教育部颁发的《普通高中课程方案（实验）》中规定："研究性学习活动是每个学生的必修课程，三年共计15学分……此外，学生每学年必须参加1周的社会实践，获得2学分。三年中学生必须参加不少于10个工作日的社区服务，获得2学分。”比如，淄博实验中学开展的社区服务活动主要有进儿童福利院、敬老院服务；在社区做义工（送水、送面）；拥军优属；与环卫工人过小年；宣传安全燃放烟花爆竹；爱心义卖捐助；等等。学校还专门制作了大型展板对各班社区服务活动的情况进行了展示。这说明我们已经意识到学生参加各类活动对于培养学生的竞争心理、责任感、领导能力和人际关系等的必要性。我想，未来我国的高考选拔也一定会打破“一考定终身”制度，把学生的课外活动表现作为大学录取的标准之一，多环节、多渠道地录取学生。

美国学生的选修课程

在美国，上高中后，学校会提供一系列的课程让学生选择，如缝纫课、幼教课、家庭布置课，还有学做父母的课等。不管喜欢不喜欢，学生都得从中选择一项最感兴趣的课程，如果不选修就无法毕业。

缝纫课上，教师会教给学生一些缝衣服的技巧，也会教一些基本的裁剪方法，还会教学生做几样看上去很简单的东西，以此来作为毕业时的作品。

幼教课上，教师会让学生模拟教师对几个幼小的孩子进行教育，学生要在学习的过程中了解孩子的需要及其特征，还要帮助孩子解决生理上的吃、喝、拉、撒等问题。如果有可能，教师还会让学生把看上去完全和真孩子一样的橡胶婴儿带回家照顾。在橡胶婴儿身上会有一个记录器或感应器，记录器或感应器会把橡胶婴儿一天中受到的照顾记录下来。所以，学生千万不能觉得回家了，就可以把橡胶婴儿扔到一边，不管不顾了。

家庭布置课就更好玩了。课上，教师会教学生如何更好地布置自己的房间，让自己睡觉休息的地方看上去更加整齐、舒服。家庭布置课不仅仅体现在这里，还体现在物件的搭配以及一些必需品的选购上。这样的教育是为了让学生懂得以后如何营造自己温馨的家庭。

学生的烹饪厨具

烹饪课就容易多了，当然这是相对于以上的几门课程而言的。教师在此门课里，并不是把什么都教给学生，而是让学生选择一两种，如中国餐、印度餐、美国餐等。学生也可以创造自己认为好吃而且有营养的菜。

在这些课程里，教育的重点，其实是想让学生感受不同的职业带给人的某种经历和过程，使学生寻找到自己的兴趣点，以对自己未来的职业有所帮助。当然，许多学生在这些课程里表现得很认真，因为他们从中发现了乐趣，享受了快乐。

美国学生的远足活动

“远足”是美国学校很重要的课外教学内容。

美国学校的远足活动主要分两种：一种是限于本地的远足活动，另一种是去外地的远足活动。前者比较简单易行，后者则需要学校和家长做充分的准备。

在远足活动正式开展的前几个星期，学校通常会给家长发一张《远足同意书》。这份同意书的大致内容如下：

亲爱的家长们：

这次远足活动完全符合本学区的教学大纲，已经得到了学校负责人的批准。此外，平日里学生应该遵守的学生守则和学校规定，在远足活动中继续生效。如果您有什么疑问，请与负责教师联络。

在《远足同意书》里，学校还会告诉家长，这次远足活动是免费的还是需要付费的。通常来说，去外地远足和当地需要买门票进出的活动大多需要付费，而像参观公共图书馆和参加公园内的活动通常都是免费的。每次远足，基本都是由校车免费接送学生。

如果是去外地远足，家长还要填写一份学生的《健康证明书》，其中包括许多比较重要的健康信息，如学生是否对食物过敏、是否需要特殊照顾、是否正在接受治疗而需要按时服药等。美国学校对特殊学生的照顾以及对可能发生的意外而设立的应急措施，有时候会让家长觉得过于夸张。不过，出门在外，安全第一，未雨绸缪总不是什么坏事。

美国学生参加本地的远足活动，通常都在平时的上学期间进行。家长如果愿意做志愿者参与活动协调工作，学校会另有安排。远足活动中，同行家长的英文说法叫“chaperone”。不难想象，在美国学校做“chaperone”的家长大多数是全职妈妈。不过，特意请假做志愿者的美国父母也不在少数。

美国教育系统的远足活动早在幼儿园时就开始了，最常见的就是万圣节时的摘南瓜活动。这种活动不仅让3～5岁的孩子兴趣十足，也让同行的家长顺便欣赏到了乡村的田园风光。摘南瓜，刻鬼脸，讨糖果，美国孩子在万圣节过得非常开心。

此外，有些幼儿园还会安排孩子去果园摘苹果，去比萨店参观、了解食物制作流程，去畜牧农场看挤奶，去剧院观赏经典儿童剧，等等。

学龄儿童的远足活动通常和学校的教学内容相关。此外，让学生了解社区的公共设施，如去银行学习股票知识和存储规则，也是学校远足活动的主要内容之一。

此外，美国学校的音乐教育比较正规，从小学三四年级开始，几乎每个学生都要选择一件自己喜欢的乐器。学一段时间之后，乐队里的学生就有了外出表演的机会。这样的活动，也被美国学校列为特殊的远足活动。

美国学校的远足活动和我们所说的“实践出真知”的异同，值得我们思考。在我看来，美国学校的远足活动更注重的是寓教于乐。此外，培养学生的独立生活能力，也是美国学校开展远足活动的一大目的。

2016年11月30日，我国教育部等11部门印发了《关于推进中小学生研学旅行的意见》（以下简称《意见》），要求各地将研学旅行摆在更加重要的位置，推动研学旅行的健康快速发展。这个文件所提倡的研学旅行和美国学校的远足活动有异曲同工之妙。

《意见》指出，中小学生研学旅行是由教育部门和学校有计划地组织安排，通过集体旅行、集中食宿方式开展的研究性学习和旅行体验相结合的校外教育活动，是学校教育和校外教育衔接的创新形式，是教育教学的重要内容，是综合实践育人的有效途径。开展研学旅行，有利于促进学生培育和践行社会主义核心价值观，激发学生对党、对国家、对人民的热爱之情；有利于推动全面实施素质教育，创新人才培养模式，引导学生主动适应社会，促进书本知识和生活经验的深度融合；有利于提高人民的生活质量，满足学生日益增长的旅游需求，从小培养学生文明旅游的意识，养成文明旅游的行为习惯。

研学旅行有以下四个特点，可以概括为“两不算两算”：一是校外参加的一些兴趣小组、俱乐部的活动不属于研学旅行的范畴。二是研学活动是有目的、有意识的，作用于学生身心变化的教育活动，如果只是周末三三两两出去转一圈，那不叫研学旅行。三是以班级为单位，以年级为单位，乃至以学校为单位进行集体活动，学生在教师或辅导员的带领下一起活动，一起动手，共同体验，相互研讨，这才是研学旅行。四是学生必须要有体验，而不仅是看一看、转一转，要有动手、动脑、动口的机会，在一定情况下，应该有对抗演练、逃生演练，应该出点力、流点汗，乃至经风雨、见世面。

美国学生的课外主题活动

美国许多私立高中都有自己独特的课外主题活动。例如，有的学校会依据社会职业，让学生参加职业着装周活动。在这个活动里，学生可以根据自己喜欢的职业的着装特点进行着装，然后去上学。如果一个学生喜欢医生这个职业，那么穿白大褂去学校就再适合不过了；如果一个学生喜欢律师这个职业，那么就可以穿西装打领带去学校；如果一个学生喜欢的职业是自由职业者，他就可以选择比较休闲的衣服。当然，这不会计入学生的成绩里，因此，学生不必担心因为选择了某种看似不好的职业而被教师扣分。

还有些美国私立高中为了让学生体验做父母的不容易，会让他们选择在某个周末承担起父母承担的职责，如购买食物、打扫家里的卫生、替家人交税或安排家人的活动。当然，如果学校有这个要求的话，家长大都会配合，甚至会在某个象征性的协议上签字以示他们对孩子的支持。在这个活动中，许多学生获得了前所未有的体验，他们把这种体验写出来与同学、教师和家长分享。这种活动可以让学生体验到父母的辛苦和不易，懂得父母承受的压力。我认为，这种活动会让学生受益匪浅，值得我们学习。

某些学校还会开展专门的如以音乐为主题的课外活动。当开展以音乐为主题的课外活动时，学生会像参加运动会一样举行一场又一场的音乐演奏会，并邀请家长参加。还有机器人研究和表演等专门的课外活动。除了正常的运动会外，他们还会定期举办各种各样的以某种体育项目为主题的课外活动，以此来带动学生参与活动的热情。

我国学生的压力如此大，有大的原因就在于缺乏各种课外活动。如果我们能把课外活动与学生平时的教育活动有机地结合起来，或许会让我们的学生更加聪明，更加有想象力。其实，如果一个活泼可爱、正在长身体的学生只能整天面对着课本，就很难成为一个会主动思考的人才。学习本身就是一种主动性很强的行为，如何让学生进行主动学习，那才是最关键的。

美国的志愿者服务

美国的志愿者非常多，活动范围也很广。美国13岁以上的青少年和一半以上的成年人都做过志愿者。美国中学生在学校期间也要修一部分社区服务的学分，就是要到社区或类似的地方做志愿者，学校规定每人要累积60小时的志愿服务时间后才能毕业。在这种环境下成长起来的人，帮助起别人来显然会比没有做过志愿者的人更自然。

从美国人孩提时代接受的教育和平时的耳濡目染中，两种品质已完全融入他们的日常生活和一举一动之中了：一是分享（share），二是守秩序（take turns）。对美国人来说，做志愿者是他们人生中不可或缺的一部分。他们打心眼里愿意助人，愿意为社会奉献自己的力量。美国人做志愿者不是政府号召的，政府也没竖个标杆、榜样让大家学习。政府做的工作就是给他们提供做志愿者的机会。就老年志愿者而言，州政府老人局提供老年志愿者的岗位信息，老年人报名申请成为志愿者并参加服务。老年活动中心负责统计每位志愿者的工作岗位和工作小时数，老人局进行汇总。每年5月，老人局会举办一次隆重的老年志愿者年度聚会，印发一份所有志愿者工作年限的详细统计表。老人局还会给受到表彰的老年志愿者发一个小五角星。

美国人做志愿者，没有人要求他们大公无私、全心全意，也没有人把他们当成工具来使唤。他们有自己的价值观，有自己的人生理想，有自己的做人准则。凭着这些，他们为社会做自己能做、愿意做的事。在他们看来，施比受更有福。

这使我想到，国内的学雷锋活动怎么样才能做得更好呢？我觉得要从素质教育抓起，让孩子从小就学会讲礼貌、有爱心、守秩序、与别人分享。而且，成年人首先要做到这些，以形成良好的社会风气。受到耳濡目染，孩子自然而然就会做到。而要使全社会的人都做到这一点，那些教育别人的人，号召别人这样做的人，起码自己要先做到。总之，每个人都要坚守自己的道德底线，没有例外。

美国独特的校服文化

美国学校对学生穿校服的要求比较宽松，不同的州、不同的学校对学生服装的要求也不同。但这绝不是说美国学生都可以不穿校服，只是学生可以比较自由地选择符合自己个性的校服。在美国，有半数以上的中学制订了自己学校的着装守则，这出于两个方面的考虑：一方面，规范着装有利于维持校园秩序，提升教学质量；另一方面，学校意识到，宽松的着装守则能让学生更开心地来上学。美国校服相对于日常服装价格低廉，可以减轻家长的经济负担，这是校服政策受到普遍欢迎的一大原因；校服在校园里还起着平衡器的作用，它削弱了来自不同经济条件家庭的学生的差异，降低了学生间的相互攀比和同辈压力。不同类型的学校对着装的规定如下：

公立学校：对着装的要求不严格，但衣服上最好不要有太大的字或图案，穿着得体就可以。

教会学校：一般要求学生上身穿 T 恤，下身穿牛仔裤而不能是运动裤。衣服上绝对不能有任何亵神的字或脏话。衣服上的图案最好不要超过掌心大小。

寄宿学校：着装要求比较严，有校服的话得穿校服。男生一般要穿带领的衬衫，长短都可以，要塞进裤子。裤子一般应是长裤，不能是牛仔裤，要系皮带。鞋可以随便，总之搭配合适就好。

私立学校：有文化传承的名牌私立学校一直以来都有统一校服的传统。每个年级有不同的颜色，以便区别，任何一名教师都可以过问学生的衣着。只有在学校规定的日子允许学生穿自己的衣服，但是绝不允许穿超短裙，夏天的背心肩带要超过 6 厘米宽。还有一些学校规定学生不准涂指甲油、不准化妆等。这些规定深受家长欢迎，学生虽然时有怨言，但也觉得这样可以减少彼此攀比的压力，无论贫富，在学校里，大家都是一样的。校规严格也是很多家长喜欢把孩子送到私立高中读书的一个重要原因，孩子随时被人看管着，可以免去家长的一些烦恼。

从美国的校服文化联想开去，我发现如今美国几乎所有高校均有自己的品牌，一些高校品牌已经开始走出校园，走向世界。

近几年，北京的各大商场陆续出现了美国加州大学洛杉矶分校的校服，价格不菲，销路还不错。斯坦福大学的书店中，除了卖书，也卖各种纪念品，还有校服、球衣等。哈佛大学的官方商店里，从夏天的短衣短裤到冬天的羽绒服、毛衣，应有尽有。一般来说，学校里会有几个专门卖校服的商店，学校周边的商场也有校服专柜。在这些专卖店和专柜，还卖相应的腰带、袜子、水杯、钥匙扣、纪念卡等。因此，这些店就成了旅游纪念品商店。

几十年来，随着美国大学教育的逐步社会化，高校品牌从最初只为大学师生提供日常生活用品及运动服饰向集团化商业运作的方向迈进。今天，美国高校品牌已成了集服装等产品于一身的世界品牌，并逐步向高端产品倾斜。有消费专家指出，把握了大学生消费者，就等于把握了未来的消费市场。其实，上面提到的一些美国高校品牌最初诞生于学校的小卖部，因为设计新颖独特、质量过关、方便学生使用，所以才能走出校园，走向世界。由此，我们要思考：美国高校品牌走出国门依然畅销，而我国高校的产品为什么只能在校园内徘徊？

美国

学校教育篇

美国学校的特殊教育

走进美国学校的课堂，除了教室布置、学生数与我国学校的不同以外，还有一种现象是在我们的教室里没有的——两三位教师同时在教室内上课，其中一位教师上课，另外的一两位教师在做指导。我印象最深的是两位教师在帮一个智力水平低下的学生做运动，教师是那么耐心，学生稍微有一点进步，教师都会给予热情的鼓励。其中一位教师还告诉我，她很愿意自己的孩子和有残疾、智力障碍的孩子在一起，这样可以让自己的孩子知道拥有健康的头脑和身体是多么幸运，知道如何帮助别人，知道要有爱心。另外，我们在一所学校参观时，发现有一名学生旁边坐着一位教师，别的学生发言时，该教师就用手语向那名学生翻译同学所讲的内容。经了解才知道那名学生是聋哑儿，学校为他专门配备了一名特殊需要指导教师，每一堂课都专门为他一个人做翻译。原来这就是美国的特殊教育(Special Education)。之后，我就特殊教育和美国教师进行了广泛的交流。

1. 什么样的学生需要特殊教育

特殊教育是指针对有需要的学生提供特殊帮助的教育。一般有两类学生需要帮助：一类是身体或智力上有障碍的学生，一类是因学习习惯不好或其他原因而导致学习落后的学生。

2. 需要特殊教育的确定标准

两类学生有不同的确定标准。身体或智力上有障碍的学生要想在学校里受到特殊教育，需要具备以下条件：(1) 医生的诊断证明；(2) 学校里特殊需要指导教师的证明；(3) 任课教师提供的有关孩子的表现、成绩等的证明及教师的意见；(4) 家长的申请。

因学习习惯不好或其他原因而导致学习落后的学生要想在学校里受到特殊教育，需要具备以下条件：(1) 特殊机构的诊断证明；(2) 学校里特殊需要指导教师的证明；(3) 任课教师提供的有关孩子的表现、成绩等的证明及教师的意见；（4）家长的申请。

只有几个条件都具备，几方开会协商后方可确定学生是否需要特殊教育。

3. 特殊教育的形式

有些学生需要一对一的帮助，即一名教师帮助一名学生，有些则可以是一名教师帮助几名学生。这些都是根据学生的实际情况来确定的。一般来说，上数学课和语言课时，这些学生需要在专门的教室里由教师进行特殊辅导，其他时间往往由教师陪着学生到教室上课。于是就出现了一间教室里有两三名教师的现象。

4. 特殊教育的教学方法

在特殊教育方面，美国每所学校都有一套系统的措施。以下是针对第二类学生的教学办法。

首先，建立档案。学校教师为需要特殊教育的学生建立档案，注明学生学习中出现的具体问题、辅导教师的姓名、指导方法、进展情况等。

其次，进行针对性教学。学校教师在日常教学中针对学生的具体问题组织教学材料，开展教学活动。如每天告诉学生“今天我们要解决什么问题”，然后设计一些活动项目，确定学习目标，要求学生解决或达成。如果学生完成了某一项任务，就在任务表相应的项目前打钩，表明学生已经解决了。当学生解决了任务表中的所有问题后，他就可以回到原来的教学班中，或重新选择班级继续学习。

5. 学校对特殊学生的重视

在美国，特殊学生就生活在正常学生周围，每一个人都表情自然，大方活泼。在他们的心里，人人都是平等的。如果你是弱者，还可以得到更多的关爱。没有人会用疑惑、鄙视的目光看待残障人士和智士力障碍者。每当我们进入教室里，特殊需要指导教师都会非常热情地让残障学生和我们问好，也很愿意把美国的特殊教育介绍给我们。当我想跟残障学生合影时，每人都提出最好不要照到他们的脸，或者把他们的相片传到网上，必须尊重那个学生，这在美国是一件很严肃的事情。为此，我深受触动。

在我国也有专门的特殊教育学校，如聋校、盲校等，专供残障孩子在其中接受教育。但这些孩子从小接受的教育是特殊的，他们也认为自己是特殊的，在身体健全者的眼里他们是不正常的，所以造成的恶果就是，有些残障人士以一种漠视或仇视的目光看待社会，因为社会很少关爱他们。所以他们常常自暴自弃，或永远依赖父母，不能自理。

6. **特殊教育的意义**

在美国，大多数的家长希望自己身体残疾或智力障碍的孩子长大后能融入社会，所以不愿意把孩子送入特殊学校，与社会隔绝。那么，如果家长选择把这样的孩子送入普通的公立学校，学校便不能拒绝。其实也许对于一些孩子来说，什么样的特殊教育都很难使他们的学业有所提高。但当这些需要特殊教育的孩子坐在教室里，正常的孩子与他们坐在一起时，正常孩子认为这是正常的，这就达到了美国教育的目的。社会没有抛弃那些有问题的孩子，教师给予他们特别的关心，也许这才是特殊教育的真正意义。我想，这也是美国社会为残障人士考虑得特别多的原因吧。

由此我们可以看出，教育的人文性在美国得到了很好的体现，当然其背后有雄厚的经济实力为支撑，但在我国即使经济条件优越的学校，对学困生采取如此系统、周到的配套教育教学措施还是很难看到。我们在特殊教育这方面还有很长的路要走。

美国的全纳教育

在美国学校参观时，我经常会碰到一些残障学生在普通的班级里上课，他们的旁边都会有一两名教师全方位地进行服务，有的教师还帮着学生削铅笔、做手工等。这些学生见到我们进去观课也会有礼貌地笑笑，一副淡定自若的样子。

残障学生在快乐地学习

还有一次是在一所学校的体育馆里，学生正在上体育课，几个学生正欢快地推着一个坐轮椅的学生，体育馆里洋溢着他们欢快的笑声。在郎瑞沃初中，我们观摩了一节特殊教育课，只有两个残障学生，他们正在白板上进行有趣的语言训练，兴趣盎然，连我们这些来访者都没看见。还有一所学校，每周两天有教师教残障学生学习叠手绢、往信封上贴邮票等简单的动作，指导教师不厌其烦地教，学生若做得好，教师就会拍拍他的头，他会高兴地拍手欢叫。

在美国学习考察期间，这种全纳教育（Inclusive Education）给我留下了深刻的印象。通过实地考察和座谈交流学习，我对这个概念有了更多的认识。

在美国，残障学生的教育问题受到了充分重视，对残障学生的教育实行全纳教育。美国的全国全纳教育重建中心将全纳教育定义为给所有学生（包括严重残障的学生）提供均等的接受有效教育的机会。

经过多年的努力，美国的全纳教育已经从一种教育理念发展为一场波及全美中小学的教育改革运动。全纳教育改革运动在美国取得的成功可归因为全纳教育的思想符合美国社会所倡导和被普遍接受的尊重人权、受教育权利平等、充分保障残疾人权益等基本价值观念，无论是教育管理者、教师还是家长都一致接受并赞赏全纳教育的理念；国家和地方政府在教育政策和法律上的支持为推行全纳教育提供了必要的外部环境；完善的学校管理机制和充足的教学资源则为推行全纳教育提供了必要的内部条件。今天，大多数美国公众和教育工作者都接受了这样一种教育评价标准：一所学校应该能在同一教育场所提供同时满足所有学生需要的教育服务。认识美国全纳教育的发展对我国当前的教育改革具有一定的借鉴意义。

校车上有供轮椅上下的特殊装置

我们还发现美国为残障人士提供的各项设施特别完善。无论我们走到哪里，都会看到无障碍通道。停车场内有专门为残障人士提供的停车位，优先保证残障人士能够方便停车。这些停车位或者竖有一个画着国际通用“蓝色轮椅”标志的残障人士停车标示牌，或者在车位的地面上画有“蓝色轮椅”标志，一般都位于停车场车辆进出最方便的位置。卫生间内设有专门供残障人士使用的位置，这些位置的面积较大，可供轮椅转弯、调头，并且三个方向都有扶手；在航站楼和博物馆等处，我们发现除男、女卫生间之外，还设有一个可陪伴卫生间，该卫生间的面积很大，男女均可使用，主要供那些无自理能力的残障人士在亲友陪伴下使用。大到大型商店，小到学校教学楼，门里门外都装有为残障人士而设的专用按钮，其高度与坐在轮椅上的人手臂抬起的高度平齐，无论是出还是入，只要按下按钮，横亘在残障人士面前的两扇门，立即自动向两边对开，使轮椅可以毫无阻碍地进出。校车上也有专门供轮椅上下的特殊装置。大学的图书馆内有专供残障人士使用的电脑。看表演的最佳位置有为残障人士特设的区域。宾馆、办公室、教室的房间号牌上均有盲文。大型商店门口都备有电动购物车，供残障人士和老年人使用。所有这些，都使残障人士外出不用陪伴，自己一个人坐轮椅就可以了。

在美国，凡是健康人能活动的地方，残障人士也可以活动。你能感受到人们从心底生出的对残障人士的关爱，这种关爱是真诚的、平等的、发自内心的。在航站楼里，一排排轮椅整齐地摆放着，只要有需求，工作人员马上会来帮助。

美国教育部设有特殊教育处和康复服务处，负责残障儿童的教育、康复和全美全纳教育，以及全美的残障人才开发工作等，受美国教育部部长助理直接领导。残障孩子的父母也组建有协会，有法律代表。这也从一个侧面证明了美国人对残障人士的重视，尤其是对残障儿童教育的重视。

我们还了解到，美国的教育经费由联邦、州、地方政府共同分担，特殊教育完全免费。美国法律规定：对身心有障碍的学生必须提供额外教育服务（如语言治疗、听力训练等），特殊教育经费需保证额外教育服务的实施。同时，美国社会的慈善事业非常发达，建有完备的社会慈善捐助公益基金，专门用于资助和救助社会伤残人士和弱势群体。正是充足的资金投入为特殊教育提供了有力的保障。

此外，美国的校长有众多的职责，而其中的一条就是要开展特殊教育的项目，针对残障学生进行教育，包括了解并努力满足他们的需求。在我们参观小学时，校长能够毫不犹豫地说出这所有 600 多名学生的学校中，有 23 名残障学生，其中有 2 名自闭症学生。从中可以体会到学校和校长对特殊学生的接纳和重视。

学校对每个特殊学生都制订了个别教育计划，在学习的进度、方法、材料等方面进行规划，从而让学生按照自己的速度和特点去学习、发展，使学生感受到自己在进步，保证学生受到适合自己的教育。校长还与教师合作，联系家长，保证个别教育计划的实施和完成。

如果特殊学生有特别的需要，学校还会请专业人士来帮助他们，包括与他们一起上课，这种情况我们在参观高中时已经看到。当时，一个班的学生正在上家政课，一位教师作为主讲，面向全班讲授，还有一位教师在班内巡视，针对特殊学生给予个别的帮助和指导。

我们还参观了心理辅导中心，那里有专业的顾问、全面的个性化的服务，不仅能帮助学生解决身心出现的问题，还会与学生交流毕业升学的一些问题，针对学生的个人情况进行细致的辅导。心理辅导中心还为家长提供服务，家长可以随时通过电话预约来学校进行咨询，交流内容包括孩子的身体、学习、思想、升学等问题。我们走访的几所学校，均有类似的机构和专业的辅导教师。

通过这次考察学习，我们感受到了中美教育之间存在的差异，认识到中国要发展全纳教育还有很长的路要走，主要需要在以下两个方面继续努力。

1. 更新理念，消除障碍

我国的全纳教育与美国相比，有设施上的差距，有资金上的差距，有行为上的差距，但更重要的是心理和思想认识上的差距。如有些学校根本不考虑让残障学生入学，有些学校不重视残障学生的随班就读工作，甚至把这项工作作为一种负担。真正平等地对待残障学生，把这种心态变成一种自然的反应，需要整个社会的健康心态和个人的良好修养。只有突破了心理障碍，才能真正达到教育的无障碍。我们要加大对全纳教育研究成果的宣传，让社会、学校、家庭意识到残障学生的存在和特点，引起全社会对全纳教育的关注。

2. 专业支持，形成合力

原国家教委在 1994 年就曾经发布《关于开展残疾儿童少年随班就读工作的试行办法》，一些学校也曾积极开展对全纳教育的研究，但是师资不足、缺乏专业支持等问题十分突出。残障学生的特殊需求需要教育、语言、复健、医学及社会福利各方面的共同参与，才能确保得到高质量的教育服务。学校希望在多方的协调中得到大量身体、心理等治疗师及社会工作人员的支持和帮助，借着多元领域的专家介入与合作，建立一套运作的规则，形成教育的合力，为残障学生提供最适当的教育与服务。此外，还要做好从学前教育、基础教育到职业教育的衔接服务，以保证残障学生离校时能习得基本的生活与工作技能，从而顺利地在社会中生活、工作。

我们看到美国全纳教育的一些表现，更应该分析美国全纳教育理念中的可取之处，借“它山之石”，发展我们的全纳教育，努力使我们的教育真正成为“以人为本，以发展为本”的理性教育。这或许是我们从美国教育中得到的真正启迪。

美国学校的尊重教育

我读过这样一个故事：在美国，一位颇有名望的富商在散步时，遇到了一个瘦弱的摆地摊卖旧书的年轻人，正缩着身子在寒风中啃着发霉的面包。富商怜悯地将 8 美元塞到年轻人手中，头也不回地走了。没走多远，富商忽又返回，从地摊上拿了两本旧书，并说："对不起，我忘了取书。其实，您和我一样也是商人！"两年后，富商应邀参加一个慈善募捐会，一位年轻书商见了他，便紧握着他的手，感激地说："我一直以为我这一生只有摆摊乞讨的命运，直到您亲口对我说，我和您一样都是商人，才使我有了自尊和自信，从而创造了今天的业绩……"不难想象，如果没有那一句表示尊重的话，即使给年轻人再多的钱，他的人生也不会发生巨变，这就是尊重的力量！

美国的学校教育，时时处处让我感到对人的尊重。清晨，布瑞斯托东方高中的 Lyons 校长会第一个来到学校，向学生主动问好，而其他教师见到学生亦如此。有一天，Lyons 校长在带我去他办公室的路上，对偶遇的一名学生进行了详细的询问、开导，后来我才知道，这名学生最近情绪一直不佳。这种细微的关怀与尊重不禁让我肃然起敬。

课堂上，学生经常会提出千奇百怪的问题，此时教师总是停下来，耐心细致地为学生解答，直到学生明白了为止。即使有的学生乱讲话，教师也只是示意让学生安静，并不批评，而学生也会尊重教师的意见。

美国教育以自由与尊重学生的意见著称，但是在使学生遵守本分、养成良好习惯上毫不让步，他们在这一方面严防死守，一定要让学生养成好习惯。

比如，对学生迟到，学校的惩戒就十分严厉。在一个学期内，学生如果迟到 4 次，就会被叫到校长室。在郎瑞沃初中，副校长曾经告诉我，他们学校的一个学生比较贪玩，对电子产品情有独钟，每天晚上都躲在被窝里玩手机，导致第二天早上赖床不起，上学经常迟到。后来，学校将这件事情汇报给了警察局。

在中国，这是无法想象的事情——警察局才不会理睬这种鸡毛蒜皮的琐事呢！但在美国，警察第二天一早就找上了门，他们将学生从被窝里拖出来，盯着他穿衣洗漱，再用警车载他上学，直到他不再迟到为止。

美国人认为，如果孩子不从小养成好习惯，将会影响一生的发展。所以，美国父母总是以严格、正确且点到为止的方式教育孩子。而在我国，学生迟到、不守时、作业拖拉现象比比皆是，尽管教师和家长也会去管，但谁会让警察押送孩子上学呢？

一直在被尊重的环境中成长，孩子自然而然地就会自尊自爱，同时也给予他人尊重。在生活上，美国父母要求孩子学会自己的事情自己做，这也是尊重孩子的一种表现，因为他们相信孩子有能力处理好自己的事情。

有人曾质疑美国父母对孩子尊重是否会疏于管教，其实这是两回事。美国父母对孩子的行为和礼貌的要求非常严格，认为这样孩子才能学会尊重他人。大多数美国孩子都待人友善，懂礼貌，心态阳光，独立意识强，和别人打交道时大方得体，这些都是孩子受到了应有的尊重后形成的良好人格和素养。

给孩子应有的自由，但也要使孩子养成自律的习惯，这是一种更为高层次的自由境界。

中美学前教育比较

在美国考察期间，我们参观了一所幼儿园。我发现，中美两国对学前教育的重视程度都很高，但美国对学前教育重要性的认识不仅体现在观念上，也体现在一些具体的制度上。

在美国，学前教育已纳入与小学、中学统一的轨道中，称为 P—12 教育，即从学前（Preschool）至十二年级“一条龙”基础教育。在师范教育中，学前与小学低年级属同一层次，即从学前至小学四年级。获得这一层次证书的教师可任教于小学或幼儿园。幼儿园教师享有和中小学教师同等的经济待遇和社会地位。在美国，一位硕士或博士去当幼儿园教师，是司空见惯的事。

和美国相比，我们对学前教育的认识更多地停留在观念和口头上，具体制度和做法尚不完善。通常学前教育在整个学制体系中地位不高，幼儿园教师的素质和学历也不高。

在学前教育阶段，儿童是以玩为主，还是以学为主，一向是各国的学前教育工作者思考的问题。美国的学前教育者十分注重儿童的天性，幼儿园中虽然也有语言、常识、美术等教学活动，但没有通用的教学大纲，而且具有较大的随意性。在教育家杜威的“学生中心论”和蒙台梭利的“儿童乐园”教育思想的影响下，美国的幼儿园还注重游戏和手工活动的结合，教育活动的开展比较注重儿童社会能力的培养和在园的心情。而家长下午接孩子时通常问的也是“Did you have a good day?”（你今天高兴吗?）。与美国的幼儿园相比，中国的幼儿园明显侧重于学，每个幼儿园有细致的教学计划。学前阶段是儿童智力发展的关键期，这一时期儿童既需要玩也需要学。中美教育者在这一领域有很多值得相互学习的经验。

中美两国学前科学教育的侧重点有很大不同。在教育组织形式方面，我国重视用正规的教育活动来完成科学教育的任务。美国强调用正规的、非正规的和随机的三种形式的教育活动来完成科学教育的任务。所谓正规的教育活动是指有计划、有组织的集体活动；非正规的教育活动是指完全开放的、个人化的活动；随机的教育活动是指根据临时出现的有利时机，当即进行的活动。美国幼儿园的做法是，每个单元的第一阶段提供非正规的和随机的教学活动，让儿童自由探索材料，自己去发现，教师不加任何指导和干预；第二阶段，活动始终处于教师的指导之下，但是指导是非常个人化的，即教师根据每个儿童的不同特点与水平提供不同的内容、材料，让儿童以自己的方式和学习速度进行学习和活动；第三阶段是儿童从具体的感觉发展到抽象的概念阶段，教师要给予启发和引导。

在观念方面，我国比较重视教给儿童现成的概念，认识具体的事实，形成简单的概括能力。美国则强调让儿童认识科学家的活动过程，而不只是认识科学家的活动成果，也不只是知道科学家发现了什么，而是要知道科学家是怎样发现的。因此，美国的科学教育十分重视培养儿童的探索技能和理解能力，强调让儿童意识到应该怎样想、怎样做、怎样发现；鼓励儿童进行直接的科学活动，以获得独特的直接经验。同样是教儿童认识植物的生长，我国习惯于通过儿童的日常观察和经验，告诉他们植物生长需要阳光、水分和肥料；而美国习惯于让儿童亲自参加较严格的实验过程，即给儿童提供同一种和同样大小的两盆植物，让他们每天给一盆浇水，一盆不浇，并贴好标签，注意观察和记录其过程与结果，以此类推，一次一个变量——一盆施肥一盆不施，一盆放在阳光下一盆放在暗室里，最后引导儿童概括出植物生长的条件。此外，我国一般满足于儿童能回答出“植物生长需要阳光、水分、肥料”的结论，而美国重视引导儿童通过自己的探索去寻找“不同的植物是怎样生长的”“植物怎样获取营养”“所有的植物都是从种子里长出来的吗”等问题的答案。当然，中美两国国情不同，美国学前教育的具体做法不能照搬，但他们的一些重要经验可以启发我们思考。

美国重视对儿童自我服务技能、独立性和自力更生精神的培养，因此，从儿童1岁半起就会开始培养其自我服务技能。他们认为，自我服务技能的掌握，可以增强儿童的独立性和成功感，可以使儿童和家长双方受益。儿童的自我服务技能包括系鞋带、穿衣服、扣纽扣、拉开或拉上拉链、洗脸、刷牙、梳头、吃饭、上厕所等。美国学前教育工作者强调，任何一个保育活动都要为儿童提供大量的机会，以锻炼他们的自我服务技能，并要求家长密切配合，以使儿童的自我服务技能在家里也尽可能地得到强化。

哪些任务是不同年龄段的儿童所力所能及的呢？美国学前教育工作者在长期观察和研究的基础上提出：18～24月之间的婴儿能够学会自己用杯子喝水，能够拾起玩具；2～3岁的婴儿能够学会控制大小便，会用叉和勺吃饭，能够比较熟练地穿脱衣服、开合拉链；3～4岁的幼儿，独立性有所增强，上述技能更加熟练，几乎不用成人的帮助，自己就会扣纽扣、系鞋带、吃饭、洗脸、刷牙等；5～6岁的幼儿，能学会自己洗碗，能够保管自己的东西，独立性大大增强。

美国幼儿园教师在训练儿童自我服务技能的过程中，经常采用的方法是提出任务，并创造成功地完成任务的条件。比如，为了训练4岁幼儿自己穿鞋、脱鞋，给幼儿提供的鞋比实际穿的稍大一些，使幼儿很容易就能穿、脱。又如，训练幼儿向瓶子里倒牛奶，所提供的瓶子是广口瓶而不是狭口瓶。

总之，在训练中，教师最初提供的条件要保证儿童能够比较容易地完成任务，以后可逐渐增加难度，这样会增加儿童的兴趣，使他们建立自信心，难度逐渐增加也能使儿童的意志得到锻炼。

在美国，尊重儿童不仅仅是因为他们年龄小，需要爱护、关心和培养，还因为他们从出生起就是一个独立的个体，有自己独立的意愿和个性。无论是父母还是教师，都没有特权去支配或限制儿童的行为。特别是在儿童成长的过程中，大多数情况下父母和教师不能代替他们进行选择，而要让他们感到自己是自己的主人。

美国是一个多元化的社会，在学前教育中也反映出这一特点。美国幼儿园的办园类型多样，有民办的、私立的、政府资助的，也有各种类型合资办园的。美国学前教育不立模式，让儿童从现实生活到内心世界全方位展开自由的想象，从一开始就鼓励儿童进行创造；而中国学前教育总是设立样板，一开始就让儿童追求“像不像”。可见，从根本上，中美学前教育倡导的价值方向就是不一致的。中国学前教育重视模仿，教育思路是什么基础都不具备的一张白纸似的儿童，只能通过模仿去想象和创造。美国学前教育因强调创造性，自然不能与模式教育相配套，否则，先定框架预设规范，岂不是与创造性的教育宗旨相悖？因此，美国学前教育无论是从逻辑上还是实际操作上，既然确定创新，势必舍弃规范。故而，创造精神在美国学前教育中固然得到了强调，其代价也很大：从根本上说，缺乏地基的创造终究受到很大的限制，不可能矗立起坚不可摧的建筑。因此，就本质而言，地基与创新的矛盾，乃是中美学前教育的根本差异。

美国博物馆的教育功能

为期三周的培训学习，除了在康州中小学、幼儿园跟岗见习外，我们还参观了美国的博物馆。美国博物馆数量众多，门类齐全，规模庞大，内容丰富，陈列展出手段先进，突出教育和研究功能。美国首都华盛顿拥有10多个大型、综合性的博物馆，如史密森尼国家自然历史博物馆、美国国家邮政博物馆、美国国家历史博物馆、美国航空航天博物馆等，均免费对公众开放。美国非常重视博物馆和纪念场馆的教育功能，1906年美国博物馆协会成立的时候，有一个宣言，称“博物馆应成为民众的大学”，他们认为“博物馆第一重要的是教育，事实上教育已成为博物馆服务的基石”。

由于博物馆在教育方面具有巨大的灵活性和有效性，因此日益表现出其第二教育系统的趋势：人们在对博物馆所展览的作品的欣赏中接受教育、增长知识、受到美的熏陶。我所跟岗见习的郎瑞沃初中的学生就得到了州政府的项目资助，不同年龄、不同肤色的学生一起到耶鲁大学美术馆和美国国家历史博物馆进行参观学习活动，一年6次，午餐及活动经费全由政府资助。在耶鲁大学美术馆，我亲眼见证了学生的彬彬有礼、秩序井然、求知欲强和学习态度端正。他们坐在椅子上或地毯上，眼睛始终不离开所欣赏的作品，始终静静地听着讲解员的讲解。那天我们去耶鲁大学美术馆参观时遇到两位讲解员：一位是经过选拔培训的年轻而充满活力的研究生，一位是年近80岁的精神矍铄的老人，他们都是热爱孩子、愿意为教育做贡献的志愿者。他们采取的均是问答互动式的讲解方式，学生听得津津有味，还不时地举手问问题，讲解员耐心地一一作答，将教学、审美、鉴赏、娱乐融为一体。我印象最深刻的是，那位老人的职业是牙科医生，他是因为喜欢教育才在博物馆做志愿者的。他在介绍把非洲奴隶运到美国的那段历史时，为了说明奴隶只能躺下却不能伸直腿的狭小空间，他拿了一条绳子，圈出一个大小一样的空间，让一名学生躺在里面，以体会当时奴隶痛苦的遭遇，学生一下子就感受到了，也记住了。

在博物馆，研究生志愿者正在做讲解

喜欢教育的牙科医生志愿者

而我国的许多讲解员，不管对象是谁，一律一讲到底，讲解完毕是目的。在美国，使听者懂了是目的。

美国的博物馆教育是从小开始的。美国人会教育孩子：到博物馆参观要尊重别人，不要大声说话，不能影响别人，要尊重历史文物。我国的有些学生甚至成人到博物馆参观时，常常是大呼小叫，疯追狂闹，把安静的参观区域变成喧嚣的场所；有的人纯粹是为了"到此一游"，到处拍照留念，甚至为了拍照而损坏艺术品。这种情景在美国的博物馆中是看不到的。在美国纽约的大都会艺术博物馆参观时，我看到了一位头发花白的老者推着坐在轮椅上的另一位老人在一幅幅作品前驻足欣赏，看到了几个十几岁的孩子跪在地上临摹作品，看到了一位年轻的女画家在专注地素描，看到了一个年轻女孩在一座塑像前凝神沉思。

在我参观的博物馆中，我印象最深刻的是在国会大道附近的美国国家历史博物馆及国家自然历史博物馆。尤其在国家自然历史博物馆中，可以看到按照生物群落、食物链、生活区域以及干湿季节分类的各种各样的动物标本及复制品，其中的多媒体虚拟展示场景让观众身临其境，仿佛置身于草原之上、深海之中以及荒漠的烈日之下。博物馆的纪念品店往往也是参观者的好去处，各种动物玩具、纪念品、标本、文化衫应有尽有。

有人说，美国孩子是在汽车和博物馆里长大的。从这句话中可以看出，博物馆在美国的国家教育体系中担当着一个多么重要的角色。难怪，在我教授英语的 30 多年里，课本里出现频率最高的两个词就是 museum（博物馆）、gallery（艺术馆）。而我给学生照本宣科举例最多的是"I went to visit the museum last Sunday”（我上周日去博物馆了）。我原来奇怪：为什么教学参考书上不举例去公园、儿童乐园、游乐场或其他地方？亲历了美国的博物馆，感悟了它巨大的教育功能，我今天终于明白了。这更让我回忆起10年前到英国大英博物馆参观时看到的一幕：许多家长带着孩子在博物馆门前呈Z字形排队等候进入的情景，就如同节假日我们排队进入景点的场面。

我国专家曾建议由教育部牵头，与财政部门、文物部门合作，深化现有工作成果，从建立长效机制、加强资金保障、增强辐射力等方面，进一步发挥博物馆对青少年的教育作用。主要方法包括以下三个方面：一是使博物馆的教学资源纳入中小学教育教学体系中，实现学校定期组织学生到博物馆开展教学实践的长效机制；二是在免费开放专项补助资金下增设中小学生博物馆教育专项补助，用于博物馆开设内容与思想道德、历史等学科教学相对接，形式手段为中小学生所喜闻乐见的教育活动区域，改善相关的设施条件，建设相应的资源信息库、教材教案库等，并把此项内容作为公共博物馆考核评级的一个重要标准；三是建立广覆盖、普惠性的远程博物馆教育系统，与“博物馆进校园”相结合，开发网络博物馆课程，通过3D扫描、触摸屏展示藏品，让博物馆资源辐射到广大中小城镇、乡村。

博物馆体现的是民族文化和大众文化，是公益性的全民教育机构。在我国社会主义现代化建设中，如何利用博物馆的藏品优势，挖掘教育资源，发挥自身作用，开展传统文化教育活动，对公众尤其是青少年学生进行社会主义核心价值观的教育，是一个值得我们去思考和探讨的重要课题。截至2015年年底，我国登记注册的博物馆已达4692家，已成为公共文化服务体系的重要组成部分。可喜的是，2015年2月9日，我国国务院公布了《博物馆条例》，自2015年3月20日起施行。条例规定，博物馆应当自取得登记证书之日起6个月内向公众开放，并向公众公告具体开放时间；在国家法定节假日和学校寒暑假期间，博物馆应当开放；鼓励博物馆向公众免费开放。此外，还规定博物馆应当根据不同年龄段未成年人的接受能力组织讲解，寒暑假期间增设符合学生特点的陈列展览项目。

因此，在节假日，家长终于可以和孩子一起去免费参观博物馆了。我们有理由相信，对博物馆教育功能的深度开发和挖掘将指日可待，博物馆终将承担起校外教育机构的功能。

美国
学校制度篇

中美中小学生行为规范对比

以下是美国《小学生行为规范》的具体内容。

1. 与大人应对，要有礼貌、有分寸。
2. 与人互动时，眼睛要看着对方的眼睛。
3. 别人有好表现，要替他高兴。
4. 尊重别人的发言与想法。
5. 自己有什么好表现，不要炫耀；输给别人也不要生气。
6. 如果别人问你问题，你也要回问他问题。
7. 打喷嚏、咳嗽都要说“对不起”。
8. 不可以有不礼貌的小动作。
9. 别人送你任何东西，都要说“谢谢”。
10. 接到奖品和礼物，不可以嫌弃。
11. 用小小的贴心，为别人制造惊喜。
12. 批改同学考卷时要谨慎。
13. 全班一起念课文时，要看着正在念的一字一句。
14. 以完整的句子回答所有的问题。
15. 不要主动讨奖品。
16. 每天都要做完作业。
17. 换科目的时候，动作要快，要安静，要守秩序。
18. 做什么事都要有条理。
19. 老师在指定作业的时候，不要叫苦。
20. 别的老师来代课，也要守班规。
21. 课堂上发言或起身，应该讲规矩。
22. 不可以上课上一半，起身去倒水。
23. 见到每个老师，都要说“老师好”。
24. 注意洗手间的卫生，把身边的病源减到最少。

25. 让客人有宾至如归的感觉。

26. 不要帮同学占座位。

27. 同学受罚的时候，不要看着他。

28. 对作业有问题，可以打电话给老师，老师没接的话，你可以留言，但只要留一次就够了。

29. 遵守用餐的基本礼仪。

30. 吃完饭，自己的垃圾自己处理。

31. 接受别人的服务要感恩。

32. 坐校车或公交车，都要坐好，别打扰到司机，并记得说“谢谢”。

33. 认识新朋友，要记住对方的名字，道别时记得称呼对方。

34. 吃自助餐或有人请客时，取菜不可以贪多。

35. 别人掉了东西，请弯身去帮他捡。

36. 进门时，如果后面还有人，请帮他扶住门。

37. 别人碰撞到你，不管你有没有错，都要说“对不起”。

38. 进行校外教学时，无论是到哪一个公共场所，都要保持安静。

39. 去参观别人的地方，要不吝于赞美。

40. 全校师生开会的时候，不要讲话，要自爱自重。

41. 接电话时应答要得体。

42. 一次校外教学结束，要感恩及感谢所有随行的老师和家长。

43. 搭乘自动扶梯时，要站在右边，让赶时间的人可由左边先行。

44. 列队行进时不要说话。

45. 不可以插队；看到别人插队不要大呼小叫，让老师知道就好。

46. 看电影时不可以说话，以免干扰别人。

47. 不可以带零食来学校，制订属于自己的规矩。

48. 有人找你麻烦，让老师知道，不要私自处理。

49. 捍卫自己的理想，不因别人的否定而退缩。

50. 要乐观、积极地去享受人生。

51. 别让将来有遗憾，想做什么就竭尽所能去实现。

52. 从错误中学习，并继续向前迈进。

53. 不管发生了什么事，一定要诚实，做错事就要坦白承认。

54. 把握今天，不要浪费。

55. 在你的能力范围内，做最棒的人。

以下是中国《小学生日常行为规范》的具体内容。

1. 尊敬国旗、国徽，会唱国歌，升降国旗、奏唱国歌时肃立、脱帽、行注目礼，少先队员行队礼。

2. 尊敬父母，关心父母身体健康，主动为家庭做力所能及的事。听从父母和长辈的教导，外出或回到家要主动打招呼。

3. 尊敬老师，见面行礼，主动问好，接受老师的教导，与老师交流。

4. 尊老爱幼，平等待人。同学之间友好相处，互相关心，互相帮助。不欺负弱小，不讥笑、戏弄他人。尊重残疾人。尊重他人的民族习惯。

5. 待人有礼貌，说话文明，讲普通话，会用礼貌用语。不骂人，不打架。到他人房间先敲门，经允许再进入，不随意翻动别人的物品，不打扰别人的工作、学习和休息。

6. 诚实守信，不说谎话，知错就改，不随意拿别人的东西，借东西及时归还，答应别人的事努力做到，做不到时表示歉意。考试不作弊。

7. 虚心学习别人的长处和优点，不嫉妒别人。遇到挫折和失败不灰心、不气馁，遇到困难努力克服。

8. 爱惜粮食和学习、生活用品。节约水电，不比吃穿，不乱花钱。

9. 衣着整洁，经常洗澡，勤剪指甲，勤洗头，早晚刷牙，饭前便后要洗手。自己能做的事自己做，衣物用品摆放整齐，学会收拾房间、洗衣服、洗餐具等家务劳动。

10. 按时上学，不迟到，不早退，不逃学，有病有事要请假，放学后按时回家。参加活动守时，不能参加事先请假。

11. 课前准备好学习用品，上课专心听讲，积极思考，大胆提问，回答问题声音清楚，不随意打断他人发言。课间活动有秩序。

12. 课前预习，课后认真复习，按时完成作业，书写工整，卷面整洁。

13. 坚持锻炼身体，认真做广播体操和眼保健操，坐、立、行、读书、写字姿势正确。积极参加有益的文体活动。

14. 认真做值日，保持教室、校园整洁。保护环境，爱护花草树木、庄稼和有益动物，不随地吐痰，不乱扔果皮纸屑等废弃物。

15. 爱护公物，不在课桌椅、建筑物和文物古迹上涂抹刻画。损坏公物要赔偿。拾到东西归还失主或交公。

16. 积极参加集体活动，认真完成集体交给的任务，少先队员服从队的决议，不做有损集体荣誉的事，集体成员之间相互尊重，学会合作。积极参加学校组织的各种劳动和社会实践活动，多观察，勤动手。

17. 遵守交通法规，过马路走人行横道，不乱穿马路，不在公路、铁路、码头玩耍和追逐打闹。

18. 遵守公共秩序，在公共场所不拥挤，不喧哗，礼让他人。乘公共车、船等主动购票，主动给老幼病残孕让座。不做法律禁止的事。

19. 珍爱生命，注意安全，防火、防溺水、防触电、防盗、防中毒，不做有危险的游戏。

20. 阅读、观看健康有益的图书、报刊、音像和网上信息，收听、收看内容健康的广播电视节目。不吸烟、不喝酒、不赌博，远离毒品，不参加封建迷信活动，不进入网吧等未成年人不宜入内的场所。敢于斗争，遇到坏人坏事主动报告。

以下是美国《中学生行为规范》的具体内容。

1. 明确自律的重要性，把自律作为动力，去做自己认为应该做的事，即使不愿意。

2. 做到值得信赖。这样，当我们说要做什么或不做什么时，别人能相信我们。

3. 讲真话，尤其是在讲真话对自己不利的时候，更要这样做。

4. 一生中，在所有的问题上都要诚实。

5. 独自一人时，要有勇气；当有人要我们做自己应拒绝做的事时，要顶得住压力。

6. 不要矫揉造作、弄虚作假，要显示出自己最佳的自然状态。

7. 用不侵犯他人权利的正当方法达到个人和集体的目的。

8. 在注重道德行为的场合，大胆地表现自己。

9. 要有勇气承认错误。

10. 具有良好的体育道德，认识到虽然求胜的愿望很重要，但赢得胜利并不是最重要的。

11. 在与他人的交往中，做到谦恭有礼，包括认真倾听别人的发言。

12. 要像自己所希望受到的对待那样对待别人，确认这项原则适用于对待所有的人，不分阶层、种族、国籍和宗教信仰。

13. 认识到没有一个人是生活在真空中的，那些看起来纯粹是属于个人范畴的行为，实际上常常会影响到自己周围的人或影响到所处的社会。

14. 牢记我们身处逆境时的表现就是对自己的意志和是否成熟的最好考验。

15. 不论干什么工作都要干得出色。

16. 爱护他人财产，如学校财产、企业财产、国家财产、公有财产。

17. 遵守法律。触犯法律的行为必须接受法律的制裁。

18. 尊重言论自由、新闻出版自由、集会自由、宗教自由和进行正常法律活动的民主权利。

19. 养成有益于身心健康的习惯，制止那些有害于达到这些目标的活动。

20. 避免产生性早熟的经历，形成与家庭生活准则相适应的对性的认识。

21. 认识到人生最重要的问题是自己将成为什么样的人。

以下是中国《中学生日常行为规范》的具体内容。

一、自尊自爱，注重仪表

1. 维护国家荣誉，尊敬国旗、国徽，会唱国歌，升降国旗、奏唱国歌时要肃立、脱帽、行注目礼，少先队员行队礼。

2. 穿戴整洁、朴素大方，不烫发，不染发，不化妆，不佩戴首饰，男生不留长发，女生不穿高跟鞋。

3. 讲究卫生，养成良好的卫生习惯。不随地吐痰，不乱扔废弃物。

4. 举止文明，不说脏话，不骂人，不打架，不赌博。不涉足未成年人不宜的活动和场所。

5. 情趣健康，不看色情、凶杀、暴力、封建迷信的书刊、音像制品，不听不唱不健康歌曲，不参加迷信活动。

6. 爱惜名誉，拾金不昧，抵制不良诱惑，不做有损人格的事。

7. 注意安全，防火灾、防溺水、防触电、防盗、防中毒等。

二、诚实守信，礼貌待人

8. 平等待人，与人为善。尊重他人的人格、宗教信仰、民族风俗习惯。谦恭礼让，尊老爱幼，帮助残疾人。

9. 尊重教职工，见面行礼或主动问好，回答师长问话要起立，给老师提意见态度要诚恳。

10. 同学之间互相尊重、团结互助、理解宽容、真诚相待、正常交往，不以大欺小，不欺侮同学，不戏弄他人，发生矛盾多做自我批评。

11. 使用礼貌用语，讲话注意场合，态度友善，要讲普通话。接受或递送物品时要起立并用双手。

12. 未经允许不进入他人房间，不动用他人物品，不看他人信件和日记。

13. 不随意打断他人的讲话，不打扰他人学习、工作和休息，妨碍他人要道歉。

14. 诚实守信，言行一致，答应他人的事要做到，做不到时表示歉意，借他人钱物要及时归还。不说谎，不骗人，不弄虚作假，知错就改。

15. 上、下课时起立向老师致敬，下课时，请老师先行。

三、遵规守纪，勤奋学习

16. 按时到校，不迟到，不早退，不旷课。

17. 上课专心听讲，勤于思考，积极参加讨论，勇于发表见解。

18. 认真预习、复习，主动学习，按时完成作业，考试不作弊。

19. 积极参加生产劳动和社会实践，积极参加学校组织的其他活动，遵守活动的要求和规定。

20. 认真值日，保持教室、校园整洁优美。不在教室和校园内追逐、打闹、喧哗，维护学校的良好秩序。

21. 爱护校舍和公物，不在黑板、墙壁、课桌、布告栏等处乱涂改刻画。借用公物要按时归还，损坏东西要赔偿。

22. 遵守宿舍和食堂的制度，爱惜粮食，节约水电，服从管理。

23. 正确对待困难和挫折，不自卑，不嫉妒，不偏激，保持心理健康。

四、勤劳俭朴，孝敬父母

24. 生活节俭，不互相攀比，不乱花钱。

25. 学会料理个人生活，自己的衣物用品收放整齐。

26. 生活有规律，按时作息，珍惜时间，合理安排课余生活，坚持锻炼身体。

27. 经常与父母交流生活、学习、思想等情况，尊重父母的意见和教导。

28. 外出和到家时，向父母打招呼。未经家长同意，不得在外住宿或留宿他人。

29. 体贴帮助父母、长辈，主动承担力所能及的家务劳动，关心照顾兄弟姐妹。

30. 对家长有意见要有礼貌地提出，讲道理，不任性，不耍脾气，不顶撞。

31. 待客热情，起立迎送。不影响邻里正常生活，邻里有困难时主动关心帮助。

五、严于律己，遵守公德

32. 遵守国家法律，不做法律禁止的事。

33. 遵守交通法规，不闯红灯，不违章骑车，过马路走人行横道，不跨越隔离栏。

34. 遵守公共秩序，乘公共交通工具主动购票，给老、幼、病、残、孕及师长让座，不争抢座位。

35. 爱护公用设施、文物古迹，爱护庄稼、花草、树木，爱护有益动物和生态环境。

36. 遵守网络道德和安全规定，不浏览、不制作、不传播不良信息，慎交网友，不进入营业性网吧。

37. 珍爱生命，不吸烟，不喝酒，不滥用药物，拒绝毒品。不参加各种名目的非法组织，不参加非法活动。

38. 公共场所不喧哗，瞻仰烈士陵园等相关场所保持肃穆。

39. 观看演出和比赛，不起哄滋扰，做文明观众。

40. 见义勇为，敢于斗争，对违反社会公德的行为要进行劝阻，发现违法犯罪行为及时报告。

我们对美国教育误会最深的就是认为美国学校对学生放任自流，美国学生在课堂上想干什么就干什么。实际上，美国是个崇尚自由民主的社会，但更是个法律健全的社会，守法、讲秩序是美国公民的特点，从他们的中小学生行为规范来看，就会发现美国学校特别重视对学生行为规范的培养。行为规范的内容虽然涉及方方面面，但规定细致、简明，学生容易听懂，也容易遵守；具有实用性，操作性也强，更符合中小学生的接受能力。它所培养的是实实在在、彬彬有礼、自强、自律、自爱、友好的公民。对人的培养，是从细节开始的。我国在对学生进行行为规范培养时，也可以参考美国的做法——用学生能接受的方式去规范我们的课堂，真正地尊重和理解学生。

美国中学如何选课走班

在美国学习考察期间，我参观的三所中学包括两所高中、一所初中，学生都进行选课走班。

1. 美国选课走班的社会背景

“人人生来都是平等的”是美国人常挂在嘴上的一句话，因此，无论是总统对其手下的官员，还是教师对其班里的学生，都不可以指手画脚、颐指气使。如果一名官员正在因为工作关系打电话，总统找他有事也要等他打完电话再说。在这种平等观念下建立起来的美国社会，人人都把平等看成对自己和对他人最大的尊重。因此，社会、学校、家长、教师及学生都不认为教师有时跪着教书有什么不妥。在我参观的学校里，特别是在小学里，教师单腿跪着辅导学生或与学生讨论问题是常见的情况。而且在美国的学校里，无论是大学还是中小学，学生问问题和回答问题都不用站起来，只需举手即可。在这种背景下，教育讲究的是尊重每一个学生的个性需求，为每一个学生提供平等的教育机会，也就是说，无论是文化课成绩优异的学生还是文化课成绩不好的学生，学校都有责任为他们提供同等的学习机会。为此，在美国的各所学校里，课程开发与课程资源都非常丰富，这样就为不同的学生提供了不同的学习内容，让每一个学生在学校里都有事可做、有内容可学，都能获得成就感，从而尽可能满足每个学生个性化的成长需要。

2. 美国选课走班的情况

（1）如何开设课程。

在美国学校，课程包括必修课与选修课两类。必修课都是统一的，主要科目为阅读写作（相当于我国的语文）、历史、数学、科学（相当于我国的物理、化学、生物）、体育。其他科目都是选修课，常见的有家政厨艺、手工制作、摄影、电视编导等。对于选修课的开发与开设，各所学校有所不同。

在课程的开设上，美国学校的做法与我国的是完全不同的。美国学生升入中学后，课程不再是按班，而是按课程开设，即学生没有固定的班级，学校只有一间间学科教室，如数学（1）班、数学（2）班等，学生按自己选修的科目走班上课，实行分层教学。

（2）如何选课。

在美国高中，每个学生高中四年必须取得24个学分。每个学科学习一年才可获得1个学分，也就是说，每个学年每个学生必须选择学习六个科目，并且考试合格后才能攒够6个学分，四年后才能攒够24个学分。这些科目又分好几个等级，如数学开设有五个等级，数学成绩不好的学生可以选择到初级的数学教室去学习，数学成绩优秀的学生可以选择去高级的数学教室里去学习，甚至十二年级的学生也可以选择大学难度的数学来学习。这样，学生想从高中毕业就可以有多种选课模式。文化课成绩优异的学生可以选择高难度的内容来攒够24个学分，以此申请好的大学。而文化课成绩不好的学生可以通过选择手工制作、家政厨艺、摄影、舞蹈等学科取得24个学分，来获得从高中毕业的资格，进而获得一个进入普通大学的机会。也就是说，每个学生都可以根据自己的兴趣、爱好与特长选择适合于自己的学科来选修。因此，除了必修的阅读写作、历史、数学、科学之外，每所学校还都根据情况开设了手工制作、摄影、电视编导、家政厨艺等特色课程供学生选择。这些课上起来时气氛非常轻松，能锻炼学生的动手能力。

但是，学习成绩好的美国学生也面临着因为要考个好大学而累得要命的现实。在美国，公立大学是免费的，特别是一些社区大学，只要想上，就一定可以上。但是要想上名牌大学，如哈佛大学、耶鲁大学等也是非常难的。首先学生在高中选课时，选择的必须是高难度的内容。虽然说每个人在期末考试时只要合格就能拿到1个学分，但是学的内容是什么，才是大学录取的重要参考。为此，对于那些成绩好的学生，教师会鼓励他们选学难度大的内容，甚至会反对他们选学家政厨艺、摄影、手工制作等带有明显职业培训性质的科目。

（3）如何走班。

进入初中后，每个美国学生都会根据自己的成绩及爱好进行选课，而后形成自己的课程表，以后根据自己的课程表每天进入不同的教室进行学习，这就是走班制。美国高中学校是上午 7 点 30 分上课，下午 2 点 30 分下课，中间只有半小时的吃饭时间，两节课之间基本上没有休息的时间，学生从一个教室学完后就必须立刻赶往另一个教室。

美国学生没有像我们国内的固定班级，也没有班主任，在这种情况下，学生的日常行为规范和思想教育工作是怎么进行的呢？学生如果违反了学校的纪律又会怎么样呢？美国校长解释说，每个教师负责指导一定量的学生选课，各科教材中都渗透着道德教育，各个教师在课堂教学中都应实现道德教育的目标。也就是说，每个任课教师对自己所教的每一个学生都应该负起教育的责任，不单是学科方面的，还包括思想、行为等方面的教育，这和我国讲的“传道、授业、解惑”是一样的道理。

美国中学之所以实行有利于学生个性化成长的走班制，除了和他们的教育理念有关外，还和他们学校学生的数量少有关——公立学校每个班大多只有二三十个学生，一些私立学校每班只有十几个学生。

3. 我国的新高考改革与选课走班情况

2016 年 3 月，山东省发布了关于深化考试招生制度改革实施方案的通知。“自 2017 年秋季高中入学新生开始，考生夏季高考考试成绩由统一高考的语文、数学、外语和考生选考的 3 科普通高中学业水平等级考试成绩组成，其中语文、数学、外语为全国统考科目，各科满分分值为 150 分，不分文理科，外语科目提供 2 次考试机会。纳入高考录取的等级考试科目，由考生根据自身的特长和兴趣爱好，结合高校招生对等级考试科目组合的要求，从思想政治、历史、地理、物理、化学、生物 6 个等级考试科目中选择。”同时，“自 2020 年起招生采用‘专业（类）+学校’志愿填报和招生录取方式。探索实行考生一档多投、多次选择的投档模式，增加高校与考生之间双向选择机会”。

为适应新高考改革，山东省从 2017 年秋季高中新生入学开始试行选课走班，成为第一批“吃螃蟹的人”。进行选课走班时，高中生要提前制订自己的人生规划，为将来的专业选择做准备。

美国高中生轻松吗

大家都有个误解，认为中国高中生读书辛苦，美国高中生读书很轻松。其实，美国高中生的辛苦程度和中国高中生差不多。

美国高中毕业很容易，大学的门向每一个学生敞开着，生怕高中生毕业后不读大学。但是美国名牌大学的大门不是对每一个学生敞开的，想要进入，一定要付出努力。美国名牌大学录取高中生，要看四门成绩。

1. 高中每一年的平均成绩

高中每一年的平均成绩，即 General Point of Average，简称 GPA。如果在 100 名高中毕业生中，你的 GPA 排在第 1～5 名，会抢先被名牌大学录取。美国名牌大学录取的 85％的学生的成绩在高中位于前 10％，即 100 名毕业生中的前 10 名。

2. 大学统考成绩

大学统考成绩，即 Scholastic Assessment Test 1，简称 SAT 1。一共考 3 门：英文、数学、写作。每一门以 800 分为满分。如果你的 3 门 SAT 1 成绩平均在 750 分及以上，名牌大学会抢先录取你。

3. 专科考试成绩

专科考试成绩，即 Scholastic Assessment Test 2，简称 SAT 2。至少考 2 门。如果你准备学理工科，需要考数学，再从生物、化学、物理中选 1 门或 2 门；如果学文科，需要考文学，再从欧洲史、世界史、美国史或心理学中选 1 门或 2 门。

4. AP 或 IB 成绩

它们是高中的大学预科课考试成绩。AP 的英文全称为 Advanced Placement Program，IB 的英文全称为 International Baccalaureate Diploma Program。这两种考试的成绩对能否进入美国名牌大学十分重要。

美国名牌大学录取时特别看重学生在高中时是否做了最艰苦的努力，

具体地说，就是是否上了难度最大的课程。难度大的课程就是指 AP 和 IB 课程。根据美国教育部的统计，美国的高中约 20%为私立学校，约 80%为公立学校。开设 AP 课程的高中占美国高中总数的 70%，开设 IB 课程的高中约占美国高中总数的 30%，这 30%的高中同时也开设 AP 课程，换句话说，美国有 30%的高中既开设 AP 课程，也开设 IB 课程。这类高中无论私立的还是公立的，都是相当优秀的。这些优秀高中都列在美国名牌大学的优先录取名单上，如哈佛大学、耶鲁大学、普林斯顿大学和斯坦福大学每年都会抢招优秀高中的前几名学生。

如果学校开设了 AP 或 IB 课程，而学生没有学习此课程，他的 GPA、SAT 成绩再好，名牌大学也会对他打“问号”：如果在高中没有尝试过最艰难的，你怎么可能在我们这样的大学里完成学业？就这样，AP 或 IB 课程使想进名牌大学的学生过上了十分辛苦的高中生活。要学习 AP 或 IB 课程，进入高中时得先考试，考过了才可以上 AP 或 IB 课程的先前班，也称“荣誉班”。从先前班到 AP、IB 课，所学的比普通班课程深得多、广得多，作业也多了很多。这就是为什么美国部分高中生要背着 50 千克的书包上学，每天只能睡四五个小时。

以美国高中生总数计算，白人学生参加 AP 或 IB 课程高于其他族裔的比例，因为美国还是以白人为主体。华裔学生参加 AP 或 IB 课程的比例也很高，但在教育导向上有很大不同。白人学生除了学习 AP 或 IB 课程之外，对课外活动也格外重视。而华裔学生太重视分数，特别是家长（第一代移民），把孩子的成绩看成进名牌大学的唯一条件，这与东方国家只重视分数的教育传统有极大关系。所以，虽然华裔学生和白人学生学习 AP 或 IB 课程的比例差不多，但实际能力会有差异，白人学生更活泼，更独立，更有主见。

美国名牌大学除了看学生的成绩，还十分看重学生的课外活动经历。在大学申请表上都会要求学生回答：高中期间参加过什么课外活动？参与了几年？担任过什么职务？得过什么奖励或荣誉？奖励或荣誉是地区级的、州级的、国家级的还是世界级的？

课外活动一般分为以下三类。

第一类是学术性活动。最被美国大学认可的高中学术性活动有两种：

一是奥林匹克科学活动。侧重科学的高中都有奥林匹克队，成绩好的学生被选入，常常进行训练、比赛。二是美国学术十项全能竞赛。本竞赛包括文学、艺术、音乐、经济等十个科目。

第二类是演讲、辩论。美国高中的俱乐部多样多彩。学生如果觉得自己有能力、有想法，也可以自己成立俱乐部。在美国最被认可的高中俱乐部有三类：演讲俱乐部、辩论俱乐部和模仿法庭辩论队。

第三类是义务活动。最被认可的义务组织是红十字会，还有两三个国际级的慈善会，如国际狮子会。很多高中生会花很多时间参加义务劳动，到医院、教堂、公共场所去服务。还有学校和社区服务，如在校报、校刊、校杂志上担任主编、专栏编辑，都是十分有意义的课外活动。

如果一个学生某项成绩中等，但课外活动表现十分出色，名牌大学也会抢着要他。名牌大学，特别是哈佛大学极看重学生的领导能力，以及出色的个性、特殊的才能。

美国越好的大学，奖学金和助学金的来源越多。父母年薪低于 4 万美金的学生，可以在美国名牌大学拿到全额助学金；父母年薪在 4 万至 12 万之间的学生，也会不同程度地获得助学金。对于学习特别优秀、特别有建树的学生，不分家庭经济背景，大学学费一律全免。越是名牌大学，奖学金的名额越多。

这里描述的是美国部分高中生的真实生活。也许他们比中国高中生更辛苦，因为不仅要保持好成绩，而且在课外活动、义务劳动和文体方面也要有出色的表现。而中国高中生只需要在一个方面努力就行了，那就是学习。相比而言，美国高中生比中国高中生发展得全面，他们的视野宽、知识活、思维多元。

自 2017 年秋季新学期开始，我国山东省将正式进入新高考改革周期，配合新高考录取模式，即“两依据、一参考”——依据统一高考成绩，依据高中学业水平考试成绩；参考学生综合素质评价，进行择优录取。综合素质评价包括思想品德、学业水平、身心健康、艺术素养、社会实践五个方面的内容。如此一来，我国高中生的发展也会更全面。

即便只在学习方面比较，美国高中生学习的重心也与中国高中生不同。美国的义务教育比较侧重文科。小学鼓励学生阅读，很多小学对积极阅读的学生还有奖励，一个星期阅读完规定数量的书可以拿到一张减价的票证，去麦当劳买汉堡只需1美元。美国联邦政府、各州政府和县市政府都肯花财力促使小学生养成良好的阅读习惯。

美国教育之所以重视文科，是基于一个这样的观念：开阔的视野对将来从事任何一种工作都是重要的，即阅读和对文科领域知识的广泛吸收，对将来从事任何工作都有潜在的好处。

中国的义务教育则太侧重理科，要求学生花大量时间做大量的题。其实有多少学生将来能是某一学科的专家呢？我认为中国学生如果要减轻学习压力，首先应减少在做题上花的时间和精力。

美国学校如何进行创新教育

美国学校是十分注重创新教育的。美国教育家菲利普在研究中发现，在教学实践中，学生往往可以记住10%他们所读到的，20%他们所听见的，30%他们所看见的，50%他们所听见且看见的，70%他们所说过的，90%他们所做的。在英语里有这样一句格言："Tell me and I forget，show me and I remember，involve me and I understand"（只是告诉我，我会忘记；要是演示给我，我就会记住；如果还让我参与其中，我就会明白。）这句格言清楚地说明了学习过程中学生身心投入的重要意义。

1. 班级的开放

班级是学校教学的基本组织形式。在美国，由于学校非常注意因材施教，实行同步与异步、集体与个别教学相结合，因此，学校中除普通班外，还设有天资优良班、智力障碍班和心理障碍班。从小学直到高中，经合法执业的心理学家进行智力测试，智商在130分以上的学生可被推荐进入天资优良班，这些学生约占同年级人数的3%。在小学里，同年级天资优良班的学生，常是上午在普通班与其他同学一同上课，下午另行集中接受更优质的教学。在智力障碍班里，教师分别对不同年级学生进行耐心辅导。这些学生因智力障碍，需要更加细致、慢速、个别化的教学。在心理障碍班里，有几个因家庭或其他突发因素而一时心理或行为失常的学生，学校会安排专职心理教师热情而有效地对其进行安慰与诊治，待学生恢复常态后再回原班学习。在这样的学习环境中，每个学生都能得到尊重、爱护和提高，而且都是免费的。在小学，普通班通常由同龄、同程度的学生组成，学习统一的课程、教材，得到相对同步的发展；常是一位主教师（有的加一位助教）包教班级的多门课程与进行学生管理，每班法定人数一般不超过20人。

2. 课程的开放

课程结构决定学生的素质结构，以学生发展和社会需要为目标的现代化课程体系决定现代化学生的素质，因此，课程体系居于教育体系的核心。美国中学每学年向中学生提供全部课程表，包括中学毕业总学分及年级学分要求，课程及其编号、内容、难度，等等。站在尊重人权的高度，学生是知识的主动建构者，有权自己决定发展的目标、途径、方式、速度。学生根据自己的学业成绩、志向、潜能、爱好、特长及毕业学分要求，在辅导教师的指导和家长的关心下，自主决定每学期的选课，并向学校注册。上课时，学生按自定课程表准时进入学科教室学习。学生若提前修完课程，拿到毕业总学分，就可以提前毕业、参加高考。一些学生的个人志趣是就业，在高中就会多选职业技能课，毕业就参加工作，不觉得有什么丢人的。学校只规定学生毕业总学分的最低标准，对学生学习的课程种类、难度无统一要求，学生不必按某统一、固定的模式塑造自己，在学业上享有最大限度的自主权、主动权，均可充分发挥自身的潜力和特长，按自身条件各取所需，各有发展。

3. 教法的开放

在传统教法中，突出“教师中心、课堂中心、书本中心”，课堂教学主要是以“教师讲、学生听”为主的单向信息传输。而在美国开放式教学中，教师不搞“一言堂”，不做权威，是教学活动的组织者，是学生学习的咨询者、导师，甚至是同伴。教师重视创设学生会心情愉悦、自主学习的情境，鼓励学生在课堂上提问、发表见解，重视师生之间、学生之间的多向信息传输，重视教学与学生生活、社会实践的联系，重视培养学生的自学能力与动手实践能力。

（1）倡导自主学习法。

如在一所幼儿、小学一体化的学校教室里，有16位3～5岁的儿童正各自独立、分散地学习，有的在拼美国地图，有的在对1～100的字块按要求排序，有的手执单词卡与实物图示相对应，有的在各种蝴蝶图上涂自己喜欢的颜色，有的在排列一系列彩色木块使之与图示一致，等等。

这16位儿童所选取的学习材料与所学习内容的难度各不相同，但所有儿童都坐在地毯上或在课桌边安静、自主、专心地研究，一位教师在不断地巡回询问、指导。这些学习材料或学习主题，一旦被儿童掌握或儿童兴趣转移，就换另一种学习材料或学习主题。教师通过不断组织各种儿童感兴趣的活动，引起儿童的学习热情，以逐步达到教学目标。

（2）促进全脑发育的学科综合法。

美国教师组织教学活动，比较注重促进全脑发育。人的大脑的左半球主要处理语言、数学、逻辑等，右半球主要处理音乐、图像等。因此，美国教师安排教学活动时总是尽可能将语言、数学、图画、歌唱、舞蹈、情感等多种方式综合起来，这样学生才最容易记住，才可能学得更好。教师要设计有趣的教育主题，就会花很多精力钻研怎样在课堂中穿插许多学科知识，让学生在有趣的问题解决过程中一步步地学习。比如，在“认识印第安人和夏威夷”的主题活动中，教师穿插了许多文学、数学、历史、地理、音乐、美术、舞蹈、服饰、动物、植物、运动等方面的知识。在这样的活动中，学生的学习热情、知识积累、语言表达、绘画与表演等素质发展远超其他同龄学生，受到家长的高度评价。

（3）认知、技能、生活结合学习法。

一个年仅5岁的在上幼儿园的孩子，在校学习了以“M”开头的单词后，教师布置的家庭作业是写出6个以“M”开头的单词，并画出它们。他写和画的是 Mom and me（妈妈和我）、Man（男人）、Moon（月亮）、Money（钱）、Mars（火星）。另一项家庭作业是请家长给孩子念一篇报纸短新闻，让孩子圈出并学习其中所有以“M”开头的单词。第二天孩子要将自己所写下、圈出的单词及报纸新闻带到班级交流。下一天的家庭作业是要求孩子带一件以“M”开头的物品到教室，与同学分享认识新单词的喜悦。这种将学单词与孩子已有的认识体验、画图画、读新闻、与同伴分享学习的快乐等融为一体的方式，调动了教师、孩子、家长的积极性，使孩子的认知、能力、情感同步发展，教学效果很好。

（4）小组合作学习法。

比如，在美国的一些学校，教师指导学生学完学科章节知识后，会向学生小组布置研究专题，提供阅读书目。小组成员到图书馆看书，上网查阅资料，分工摘记，研讨专题，推选人员撰写论文，小组代表在班级演讲，全班交流，然后教师与学生共同评价，这是学生的小组合作学习活动。这种教学方式，能培养学生自学、检索、分析、应用资料和信息的能力，培养学生撰写论文与演讲的能力，也能培养学生合作与竞争的意识。

又如，手工制作课中，教师在课堂上给学生一些板形、条形的泡膜塑料材料和一些工具，要求学生用这些材料及自行添加的材料，设计并制作一个有安全系统的游乐园。小组成员通过讨论，翻阅书籍资料，到公园参观，听取家长建议，接着大家一起动手制作，经过一段时间的制作（不止1课时），先后制成各种形态的游乐园，最后教师与学生共同评价。这种教学是为了培养学生的想象力、创造思维和动手的能力。

（5）家长参与教学法。

美国教师认为，家长参与教学是教育整体的一个重要部分。学校对家长敞开，家长在任何时候都可以来听课。教师也会请家长到班级当义工，做一些如给学生阅读、讲故事，给教师当助教，辅导学生，外出活动时协助管理等的工作，家长甚至可以将自己制作的点心与师生一起分享。家长也有自己的组织，每学期会邀请教师参加几次会，一起讨论教育教学方案。美国多数家长具有高学历，他们认为自己有权也有能力干预学校的教育教学（含教育政策、课程、教法），喜欢成为学校教育过程中的一部分，乐于参与活动、捐款、做义工。学校也善于利用家长这一重要教育资源来提高教学效率。

（6）教学紧密联系社会实践法。

美国教师经常组织学生外出参观各种免费的博物馆、科学馆、海洋馆、艺术展、航空展，以及各种企业、银行、诊所、餐馆、商场、农场等，甚至组织小学高年级以上的学生到某公司穿上相应的职业服装，当一天实习雇员，体验社会角色生活。在初中（七至八年级），教学中就有指导学生设计今后职业计划的内容，使学生进一步接触社会上的多种职业。到高中（九至十二年级），学校会从社区、公司请来有经验的成功人士帮助学生策划职业道路。很多中学生会利用假期，主动去公司做义工或打工，以进一步熟悉职业，锻炼自己适应社会的生存能力。很多学生考不上大学就工作，没有什么太大的心理负担，这得益于学校的开放教学。

有些家长可能会问：美国不同阶段的小学生要达到什么样的知识水平呢？这里有一个粗略的标准可以作为参考。

幼儿园毕业：能识别数字，能用小石头、小纸片、小木棍等具体的物体表达抽象的数学概念；认识26个英文字母，能区别元音和辅音；知道不同职业的人大致做什么事，如医生、教师、邮递员、警察、消防人员等；了解生物生命的演变过程，包括人的生、老、病、死，毛毛虫变蝴蝶；从地球仪、拼图上学习地理，了解地球上有很多居民、很多国家；懂得人要住在房子里，孩子要上学，成年人要上班。

一年级：能够从1数到100，知道奇数和偶数，会简单的加减法；会观察，对不同的事物和物品能分门别类；能例证生命的演变过程，了解自然界动植物之间互相依存的关系；学习使用图片和照片来表达文字以外的意思；懂得衣、食、住之于一个家庭的必要性；明白家庭成员之间、邻里之间的关系。

二年级：会读、写三位数，能够从随意取的五个数中，从小数到大或从大数到小；熟练运用两位数的加减法，会用英寸或厘米等度量单位测量长度；能看懂钟表上的时间；坚持写读书笔记或日记，学会写总结，懂得区别诗、散文、小说、传记等不同的文学形式，了解虚构作品与非虚构作品之间的区别；开始学习独立研究动物，如昆虫生态等问题。

三年级：会把数据做成曲线图；会比较10万以内数字的大小，熟练掌握三位数的加、减、乘、除法运算；能够从周围的环境就地取材，收集、组织材料；了解人如何保持健康，明白青蛙、蝴蝶、小鸡、小白鼠等小动物的生命演变过程；懂得如何使用字典；明白自己所喜爱的作家、书画家通过作品所表达的思想，善于阅读不同文化背景的文学作品。

四年级：能用计算机运算很大的数字，会比较100万以内数字的大小，识别小数和分数，会画图表；能通过地图、照片、图表来解释世界上各地区气候的不同；通过阅读，进一步了解不同的文学形式，如科幻作品、传记等。

五年级：会画、读各种表格，熟练掌握分数的加、减、乘、除法运算；能够利用图书馆的系统和资料进行研究；通过做笔记对各种信息进行比较和综合；开始撰写非虚拟的报告和五段体式的短文；学会写正式、非正式的书信；懂得对不同类型的书籍进行分门别类，能掌握一本书的主要内容，并针对其构思、背景、人物塑造、表达方式、语言艺术等进行评论。

4. 作业的开放

美国学生的作业一般是当堂练习，课外书面作业较少，除专题性、研究性作业用时较多外，课外作业负担较轻。学校给学生提供充足的时间、空间，让他们自主参加多姿多彩的阅读、科学、艺术、体育、交友、旅行、打工、做义工，甚至是开公司及其他社会性课外活动。

教师布置的作业也具有开放性，作业源于教材又不限于教材，更鼓励学生自主开发专题科学研究。除有及时应用、巩固书本知识的一般作业外，还有具有开放性特点的作业：贴近学生生活和社会实践的作业；无统一、唯一标准答案，注重思维发散性训练，鼓励思维的独创性、想象性、批判性和多样性的作业；鼓励学生观察、体验、动手、收集、思考的情景表演型、调查研究型、科学实验型、专题论文型的作业；鼓励个体与集体协同完成的研究型作业。总之，作业重在激发学生的学习动机，使学生在愉悦的心理体验下，提高完成作业的主动性，提高自学、创造等综合学习能力。

美国大学的录取依据

美国大学的录取标准比较全面，教育考试与评价对高中课程实施具有直接的导向功能，美国大学的录取行为对高中课程改革发挥了较好的引领作用。美国大学多数采取宽口径录取，但也有一些通过全面衡量申请者的素质决定录取与否。

一般来说，美国大学录取的标准如下。

第一，看标准考分。高考测试（SAT 或 ACT）成绩在全体考生中应比较靠前。

第二，看高中成绩。首先要考虑学生在高中的选课质量，特别是英语、社会研究、数学、科学和外语的成绩，其次要了解学生在高中阶段的 GPA 成绩，再次是学生在班级中的排名情况。

第三，看论文写作。不但要文笔优美，还要风格鲜明，观点独到，努力体现出热情、智力、创造性和较高的写作水平。

第四，看推荐信。教师或辅导员的推荐信需对学生的态度、能力等做出准确的评价，对其在团体中的重要角色进行定位，写出其与众不同之处。

第五，看面试情况。或由招生人员亲自面谈，或委托外地校友代为面试，了解学生的综合分析能力、言语表达能力、临场应变能力。

第六，看体艺特长。在许多申请者都符合智力条件的情况下，非智力因素显得非常重要，许多院校偏爱有体育、音乐或戏剧专长的学生。

第七，看社会实践。是否参加过社会实践活动和社区服务，参加了多少小时，以此判断学生是否具有责任心、同情心，是否具有领导才能。

第八，看 AP 课程。学习了几门 AP 课程，考试结果如何。

正是因为美国大学的录取标准比较全面，才有力地引导着高中从促进学生全面发展为目的。此外，学校的考试与教材并无直接关系，大多数考查的是学生的知识运用能力、分析问题和解决问题的能力。

中美基础教育的比较

1. 美国基础教育的特点

美国的基础教育注重爱国主义教育，注重提高学生的整体素质，注重学生的个性发展，注重对学生的综合素质的评价，注重培养学生的创新精神。

美国中学文科课程注重对当代社会实际问题的探究，注重与社会相适应的价值观念的塑造，注重学科间的相互渗透，注重学生的广泛参与。

美国中学理科课程主要有如下特点：一是课程门类众多，学习内容因人而异；二是注重培养学生的能力；三是科学教育中渗透着人文教育；四是理科课程比重不大，难度要求偏低；五是计算机得到广泛使用。

2. 美国基础教育中教学方法的特点

一是教师在教学中重视知识传授的过程，而不是急于使学生得出结论；重视使学生在发现问题中寻求知识和真理，而不是急于寻求学生的认同；注重学生批判性思维的培养。

二是教师在教学活动中仅是知识的引导者、组织者、管理者，而不是简单的传授者；学生是学习的主体，是学习真正的主人。

三是教师认为一切知识来源于经验、生活和实际，因而在课堂教学中注重知识与生活的联系，注重知识和经验、实际的结合。

3. 中美基础教育的差异

一是美国注重对学生的批判性思维、独立思考能力、创造性、发现问题和解决问题的能力、学以致用的实践能力的培养；中国注重学生掌握的知识量，重视对学生吸收知识的学习行为和接受能力的培养。

二是美国注重培养学生的自信、自主、自立精神；中国注重培养学生的严格、严密、严谨精神。

三是美国注重培养学生运用知识的实际能力，对知识和权威的质疑、批判精神，以及对知识的拓展与创造力；中国注重培养学生对知识和权威的尊重，以及对知识的掌握与继承。

四是美国在个人本位的前提下追求学生最大化的社会协调性；中国是在社会本位的前提下追求学生最大化的个性发展。

五是美国的学生创新性有余，而基础不足；中国的学生则基础扎实，而创新性不够。

4. 美国基础教育中可供借鉴的经验

第一，美国基础教育想方设法开阔学生的眼界，让他们尽早同社会接轨。在中国，学校是学生学习知识的圣地，学生要专心学习，学有所成再谈论职业。虽然中国实行市场经济后，特别是不包分配后，这种情况有所改善，但比起美国学生，“职业”对中国学生来说还是一个很遥远的词汇，职业对中国学生来说不过是美好的未来、遥远的理想。中国学生就像装在篮子里的鸡蛋，等待着社会来挑选。中国的一些初中毕业生因为考不上高中，只好找一所职业学校过渡一下，然后就走入社会。考上高中的学生则一心只想挤进大学的大门，奔个好前程，对将来的具体职业也是茫然的。待到因考不上大学被抛进社会后，才会意识到自己尽管有高中文凭，却身无一技之长。有的人会选择进个职业学校过渡，而那些不屑于进职业学校的，就只好抱着高中文凭在社会中挣扎了。进入大学的“幸运儿”，过去是不论专业选择还是毕业分配都无自主性可言，如今多少有了些自主权，找工作也就由得各人“八仙过海，各显神通”了。然而，由于学生在学校期间对社会上的职业了解甚少，所以找起工作来盲目性较大，碰运气的成分较高。美国的学校重视对学生进行职业教育，中小学期间会开展种种与职业教育有关的活动。美国学生进入高中后，学校还有专门的教师进行一对一的辅导，对学生进行职业的分析与指导。

第二，美国人相信学生具有同成人一样的独立研究、独立动手的能力，因此，美国基础教育的另一个特点就是为学生独立研究能力、独立动手能力的发展提供时间和空间。而中国的学校，在应试教育的制约下，在传统观念的影响下，采取的是初级阶段打基础、高级阶段做学问的相互脱节的两阶段战略。许多人认为，中国的初等教育很棒，只是高级阶段的研究没做好，要加强的只是高级阶段研究工作中的创造性。我认为这种看法是不正确的。人的创造力和创造性是需要培养的，既然要培养，就要从小开始培养，如果到高级阶段才去培养人的创造力和研究能力，就为时已晚。培养创造力应该是素质教育的重要核心，是初级阶段和高级阶段的教育都必须始终坚持的核心。

中美中学生素质之分析

中学生素质是未来人口素质的基础，对祖国建设事业有着非常重要的影响。现在，正值中国打开国门走向世界之际，未来中国要跻身世界前列，就得提高未来建设者的素质。所以，对中国中学生的素质进行全面的认识，极有现实意义。

1. 中美中学生素质对比

学生素质主要是从身体素质、独立能力、基础知识量、团队精神、主动性和首创精神、人际交往能力、动手能力、刻苦学习的态度等方面反映出来的。下面我们将从这几个方面对中美中学生的素质进行对比。

（1）身体素质对比：美国学生占较大优势。

体育是美国学校里的重要课程，每天下午两三点钟开始，大部分学生就把时间都用到了运动场上。大量的体育锻炼，加上合理充足的营养，使美国学生大都身强体壮。就连女孩子对体育也十分热衷。体育好，学习也好的学生，最受同学们的推崇。

体育锻炼的好处很多。身强体壮，就会精力充沛，往往也有利于培养勇敢坚强、积极进取的性格。相反，一个身体羸弱、无精打采的孩子，意志力也容易受到削弱。

在我国的不少学校里，“豆芽菜”式体型的学生比比皆是，“小胖墩”式身材的学生也越来越多，那种肌肉发达、动作灵活的运动员型的学生却很少见。而在美国的中学里，这样的学生却十分普遍。

（2）独立能力对比：多数美国学生胜过中国学生。

多数美国学生的独立能力之所以胜过中国学生，一方面是因为美国家庭普遍重视培养孩子的独立能力；另一方面是美国学生锻炼独立能力的机会非常多，自己动手几乎成了他们与生俱来的习惯。

在美国，不分担家务劳动的孩子很少见，不是擦汽车，就是剪草坪。年纪稍大的小学生，就能当小报童，挨家挨户送报纸。钱虽然挣得不多，却使他们从小开始就学着面对社会，独立处理问题。到中学阶段，学生打工变得更为常见。一到暑假，加油站、快餐店、超级市场等，到处都有中学生在忙着。一个暑假下来，他们往往能挣两三千美元，这对他们来说，就是一笔大钱了。到了这个年龄，很多学生都已经变得相当老练、自信了。

相比之下，很多中国父母往往把获得好成绩看成孩子唯一的任务，其他一切家务事就通通由父母包办代劳了。其实这并不是好事，而是剥夺了锻炼孩子的机会。其结果，在几年前震惊全国的《中日下一代的较量》一文中已经写得很清楚了：在内蒙古草原上的野外生存比赛中，我们中国的下一代因为父母的溺爱和娇惯输给了日本的下一代。“衣来伸手，饭来张口”培养出来的寄生、依赖思想，是中国孩子的致命弱点。

（3）基础知识量对比：中国学生超过美国学生。

在考察学习期间，美国学校的数学教师安排我们参观了一场国际数学友谊赛。考题一共有10道，难度都在现有教材内容之上。时间一到，结果很快就出来了：我国的学生有做对8道题的，也有10道题全都做对的。再看美国学生，就连最棒的数学优等生也只做出了6道题，其他美国学生做对的题量当然就更少了。

从我们所见到的情况看，中国学生的基础知识量，特别是理科方面的基础知识量，的确多于美国学生，这是中国学生的重要优势之一。然而中国学生对知识方法的掌握，不如美国学生那样灵活。

不少留美的中国学生，都勤奋努力，学习成绩优秀。但最有成就的学生不一定是分数最高的学生，因为成就不光来自考试得高分，更要靠个人的创造力和探索精神。

（4）团队精神：中国学生不如美国学生。

在美国学生口中，经常听到的一个词组就是Team Spirit，意思是“团队精神”，说的是一个人与大家协同工作的能力或态度。一场篮球赛里，如果哪个家伙为了自己出风头，老爱独自卖弄球技，连累大家输了球，他就会被大家一致斥为“没有团队精神”的人。

体育和其他活动，都是美国学生培养团队精神的课堂。无论是在哪所学校，各种体育比赛一场接一场，几乎每周都不停。如果加上平时的训练，美国学生在运动队里度过的时间就很可观了。再加上各种广义的“运动队”——戏剧小组、乐队、舞蹈队、唱诗班等，大概就很少有不具备团队合作经历的美国学生了。这对于培养他们的团队精神，起了很大作用。

把团队精神放大来看，如果一个国家的大多数公民都具有与他人紧密协作的习惯，就会减少许多内耗，就会产生许多生机勃勃的企业和团体，就会使整个社会更有活力。

相对而言，中国学生由于长期以来习惯于独自面对书本和考卷，长期缺乏与同学紧密协作的经历，这就容易造成团队意识淡漠，从而影响到日后在工作岗位上与同事“拧成一股绳”的能力，并产生各种不必要的内耗，站在整个社会的角度看，就不容易产生强大的合力。

（5）主动性和首创精神：美国学生一般强于中国学生。

中国学生做事时常常先考虑是否有章可循，受条条框框的束缚较多，这样一来就容易丧失主动性，缺乏首创精神。而美国学生显得更放得开，他们习惯于“只要没被禁止的，就都可以做”，玩起来花样百出，做起事来也较少受到束缚，敢想敢干，更容易取得成功。

（6）人际交往能力：美国学生大都比中国学生强。

这是因为美国学生的交往机会特别多的缘故。美国学校里各种名目的社团多，活动也多，办校报、搞演出、举行体育比赛，令人目不暇接。此外，美国学生也喜欢在周末搞各种聚会、生日宴会等。这使得美国学生在与人交往时，往往比中国学生显得更轻松自如、游刃有余。

相对而言，中国学生的学习课业负担较重，在校时间多，用于学习文化知识的时间更多，较缺乏锻炼人际交往能力的机会，所以与美国学生相比，人际交往能力相对较弱。

（7）动手能力：美国学生多数强于中国学生。

美国学生在课内和课外都有很多动手实践的机会。他们不仅有课内的许多实验和操作项目可做，甚至到博物馆、展览馆参观时，不少展品也是允许被摸、被动、被操作的。他们在家里也喜欢凡事自己动手做，很乐意帮父母干家务活。

而中国学生习惯于看书、做题，习惯于接受书本中的经验和教师传授的知识，动手能力相对较差。

（8）刻苦学习的态度：中美学生差不多。

中国学生素以学习刻苦著称，除了学校规定必须参加的一些活动外，其余的时间基本上都用于学习。

美国学生刻苦学习的态度跟中国学生相近，多数学生放学后都要自学3～4个小时。但是，美国学生通常也比中国学生更注重对生活的享受。

2. 中国中学生素质提高的可行性论证

从以上对此分析可以看出，中国学生除了在基础知识量方面优于美国学生外，在身体素质、独立能力、团队精神、主动性和首创精神、人际交往能力、动手能力等方面与美国学生还有一定的差距。

据调查，美国学生的素质教育主要靠合理的目标和有效的制度，对硬件的依赖程度并不太大，其大多数素质的培养方法在我国的学校里也是能够实行的。例如，实行多元目标的奖励制度，大力加强体育活动，变“填鸭式”的授课方式为启发式和探索式，加强协作精神的培养，鼓励创新精神，培养学生的公民意识和社会公德心，等等。

中国学生并也不比美国学生笨。从小学到大学，在很多美国学校里，华裔学生总是名列前茅。由于重视教育，美国华裔已经成为美国平均受教育程度最高的族裔，超过了当初居于榜首的美国犹太人。在美国加州的硅谷，由于大量华人高科技人员聚集于此，汉语甚至成为硅谷很多公司的工作语言。

这样看来，只要有科学有效的教育体系，有良好的运行机制，提高当今中国学生的素质的是完全有可能的。

3. 提高中国中学生素质的有效途径

（1）改善教育制度。

中学生的素质，可以说是不同教育制度下的产物。我国中学生的素质与当今教育制度有着密切的联系。要想全面提高学生的素质，就要改进当今的教育制度，使之更有利于学生素质的全面发展。

（2）学校合理贯彻教育方针。

我国教育方针是使受教育者在品德、智力、体质等各方面都得到全面发展，成为有社会主义觉悟的、有文化的劳动者。这一方针的目标就是培养高素质的未来祖国建设者。

但是，在具体的操作过程中难免会产生偏差，所以，在具体的素质培养过程中，应该适当地做出调整。

① 既重基础知识学习，又重能力培养。

我国中学生的基础知识扎实，这是一大优势。当今美国教育者也在反省他们的教育，认识到不重视对基础知识的掌握是一个错误，这个错误是造成美国基础教育落后于其他发达国家的主要原因。所以，我们要发扬这一优势，但同时也要看到我国中学生在能力方面的不足。

对于中学生的独立能力和人际交往能力，希望社会、学校、家庭给他们一些自由的空间，让他们有机会锻炼这些能力。如让中学生多参与社会实践，开展社会调查，让他们有开口说话的机会；让他们在家庭中承担一些力所能及的家务；让他们多与社会接触，多与各界人士交往。经过一段时间，这些能力就会自然而然地提高，创新能力也会得到加强。

② 注重团队精神的培养。

我们既然已经意识到中学生某些方面素质的不足，那就不能依靠惯性继续下去，而应该通过调整使之完善起来。学校要多为中学生提供展示团队精神的场合，如多开展体育活动，多举行集会，让中学生的团队精神在这些活动中得到培养。

③ 注重身体素质的培养。

社会、学校、家庭要把中学生的体育锻炼看得像学习基础文化课一样重要。如果重视体育能成为每所学校的“硬政策”，那就会给中华民族的未来铸造坚实的基石。

（3）重视家庭培养。

很多家长认为，学习是学校教育的事，孩子各方面素质的高低也是学校教育的问题，这是在推卸培养孩子的责任，是不负责任、素质低下的表现。

其实，对于孩子的成长，社会、学校、家庭都有着重大的责任。很多事例都说明，许多良好的素质，同样可以通过家庭教育培养出来。

所以，我们也应重视提高家长的素质，特别是提高女性人口的素质，这将更有利于学生素质的全面发展。

（4）重视中学生的自我发展。

不论是社会、学校的教育，还是家庭的教育，无不把中学生当成一个处于接受教育的被动地位的受教育者。其实，中学生也是社会中的一员，也拥有教育他人及教育自己的能力。而如何发挥自我发展的能力，对于中学生素质的提高非常重要。可以说，主动地与被动地接受来自社会、学校、家庭的教育，其效果是截然不同的。

我们在平时往往不太重视中学生自身的动力，而中学生对自我发展往往也缺乏应有的自觉性。所以，在提高中学生素质的时候，重视中学生的自我发展，将是关键所在。

美国基础教育对我国的启示

1. 把爱作为核心教育理念

在美国，这种爱来自从小到大、刻入骨髓的宗教文化的熏陶，即博爱；来自美利坚民族形成过程中吸纳的法国启蒙思想：博爱、民主、平等。这种爱，是深刻、广泛、细腻、自然而然的，是无私、不求回报、令人难以忘怀的。这种爱，是师生关系中最温暖人心的部分，是对学生人格、个性、发展给予高度的重视和充分的尊重。这种爱，使美国的基础教育成为名副其实的爱的教育。

2. 将学校和班级文化落在实处

美国学校的硬件建设充分体现了杜威的实用主义。我们所到的康州的中小学都是“五无”学校：无校门、无保安、无围墙、无标志性建筑、无题字。但我们一走进校园，走进班级，马上就会被其现代的、浓郁的文化氛围所包围。教师的办公室就在教室的角落，办公桌虽有些零乱，但非常具有个性与特色，上面摆放着教师家人的照片或自己喜爱的东西。教室内的墙上挂的是学生作品、班规班训、名言警句等。在这里，几乎没有什么形式主义的东西，最主要的特色是实。

3. 渗透道德修养与爱国主义教育

美国的道德修养教育体现在学校的各个方面、各个细微的地方。每间教室或学校里重要的地方都悬挂着美国国旗，学生每天都要面对国旗宣誓，国家意识处处得以体现。在美国，道德的培养在很大程度上是依赖宗教力量的。在美国的公民教育中，公正、责任、尊敬、合作、自律、信念、友好等观念是非常重要的个人品质，是学校、社会、家庭对学生的一致要求。美国学校不仅要求教师以专业工作者的形象出现，而且要求教师以道德榜样的形象出现。为了充分发挥教师的道德教育作用，树立教师的道德形象，美国学校重视对教师进行道德教育的训练，以增加教师的必要知识并提高教师的技能，以使教师更好地履行道德教育的职责，发挥榜样示范作用。

4. 鼓励学生自信、自主、有个性、创新

在课堂上，我们听到美国教师用得最多的话就是“very good”“good job”“excellent”“wonderful”等。教师经常在每个细节和环节上鼓励学生，增强学生的自信心。在课程设置上，学校设立自主选择课程体系，学生可以根据自己的特点与爱好选择必修课以外的课程。学校还针对学有余力或有学习困难的学生，开设了不同的课程，以便进行有针对性的指导和教学。

在日常教学中，教师欢迎学生有不同的意见与见解，鼓励学生大胆质疑，敢于提问，明确提出培养“善于提问题”的学生，保护学生的好奇心，支持学生进行小发明、小创造等，为学生提供创新的时间和空间，锻炼学生发现问题、提出问题、分析问题和解决问题的能力以及适应未来社会的能力。

5. 注重课堂教学智慧与策略的使用

在深入美国中小学课堂的过程中，我体验和感悟最深的是美国的教师非常注重教学智慧与策略的使用。我们参观了两位美国教师的课堂，他们在教学中运用了很多精心设计的课堂活动和教学游戏，令人耳目一新。这些活动或游戏，有的是为了调动学生的学习兴趣，有的是为了集中学生的注意力，有的是为了培养学生的某种品格，有的是为了使学生练习某种技能，有的是为了使学生掌握和巩固某些知识。这些活动或游戏不仅使学生掌握了知识，提高了动手能力，更重要的是培养了学生的学习兴趣，让学生在活动中成长，在快乐中学习，在学习中感受快乐。

6. 课堂教学重合作、重体验、重过程

我有幸走进四所美国中小学的课堂，和学生一起听课。教师常常采用动态小组合作学习方式，如按座位号单双数分组、按生日分组、按颜色分组等，让学生随机组成不同的学习小组。比起我们的课堂教学，美国中小学课堂教学的密度要小得多，但是他们的课堂活动往往十分丰富多彩、生动活泼。在传授知识的过程中，美国教师更关注学生对知识的感受和内心体验。如讲某个历史事件的前因后果时，教师会想方设法营造类似的情境，以便让学生去想象在特定环境下自己的反应，进而理解历史事件发生时的情形。另外，所有的课堂活动都尽可能让学生参与其中，动手又动脑，重合作、重体验、重过程。

7. 教育资源极其丰富

美国优越的社会环境、丰富的社会教育资源让人叹为观止。各种类别的图书馆、博物馆、科技馆、美术馆、水族馆、纪念碑（堂）、主题公园等，随时对中小学生开放。每个馆、所、中心都必须满足各州制定的教育标准（根据美国宪法，美国的教育最高决策权在州）。而且，每个馆、所、中心都在互联网上建有自己的网站或主页，为参观者提供尽可能详细的信息；都有大量的教育和宣传资料免费提供给参观者；都有专职教师给学生现场上课或讲解；每天都有学生坐着黄色的专用校车到这些教育场所学习或参观。

8. 学校、家庭、社区完美结合

在每学期开学时，学校会邀请每位家长根据自己的能力水平和家庭情况，志愿参加学校的教育教学活动，有的学校甚至规定每位家长要义务工作 20 小时。在美国，人们都非常积极，几乎每天都有家长和社会志愿者走进课堂为教师的教育教学提供一定的帮助或协助教师组织好学生的各项活动。

教师定期把学生的各科学业情况用四个等级——低限标准（limited progress）、期望标准（expected progress）、达到标准（meeting standard）、超过标准（exceeding standard）的评价方式使家长了解学生的成长和学业情况，以利于他们及时与学校沟通，这点很值得我们学习和借鉴。学校所在社区的资源全部免费向学校、教师、学生开放，并全方位配合学校开展各种教育活动。

当然，美国基础教育也有不够完善的地方，如学生的基础知识不够扎实；教师课堂组织的活动有效性不足；教师之间的教研探讨不够；教师工作繁重，其经济收入就美国的收入标准来说不够高；等等。

美国国家年度教师怎么评选

美国国家年度教师（National Teacher of the Year）的评选，可谓历史悠久，从1952年开始，已经历时65载。每年只有一位教师当选，且从56名州年度教师中产生。最终获选者将在白宫接受美国总统的接见。

国家年度教师的评选并不是由美国政府组织的，而是由全美15个主要的教育专业组织，包括美国教师教育学院协会（American Association of Colleges for Teacher Education）、美国学校管理者协会（American Association of School Administrators）、美国教师联盟（American Federation of Teachers）、全国家长与教师委员会（National Congress of Parents and Teachers）、全国教育协会（National Education Association）、全国中学协会（National Middle Schools Association）等的代表组成全国评选委员会，负责评选。总统要做的只是宣布这一最高荣誉的获得者。

国家年度教师评选的整个过程完全开放。首先进行州年度教师评选，接着要求每位州年度教师提交个人简历、专业发展情况、8篇介绍个人教学观或对教育所面临问题的看法的文章、推荐信，然后从所有的州年度教师中选出4名候选人参加全国评选委员会的最终评选。在评选中，评委将按照评价标准，比较哪位州年度教师在这些方面做得最好。最高荣誉往往会授予关注弱势学生群体的教师。

美国国家年度教师的评选，最为关注的是对学生的提升，尤其是对弱势学生群体、后进学生群体的提升，因此，不少国家年度教师都出自十分普通的公立学校，甚至是薄弱学校，而不是名校。那么美国国家年度教师的具体评价标准是什么呢?

参选者必须是积极献身于幼儿园至十二年级教育事业的公立学校的教学能手；有激发所有拥有不同背景和能力的学生学习的能力；深受学生、家长和同事的尊敬与爱戴；与在学校里一样，在社区中也发挥着积极的作用；具有做事良好、口才出色和能应付繁重任务的充沛精力。

关键词一：教学创新高手

教学是教师最重要的工作，所以国家年度教师应是教学高手。他们必须懂得如何激发学生的学习兴趣和学习潜能，懂得运用良好的教学方法吸引学生的注意力，能运用现代信息技术辅助教学。而且，他们的教学还必须具有创新性和个性，这就要求他们必须综合运用教育教学理论，将教学方式与当地的实际情况结合起来。

关键词二：全面发展

教师的任务不只是教学。教师的天职是育人，教学只是育人这一宏大工程中的一个组成部分。育人的任务主要是在校内外关心和支持学生，帮助学生成长和发展。无论是班主任还是任课教师，无论是哪一门课的教师，都必须如此。而且，教师必须是模范公民和榜样人物，以使学生知道一个合格的公民应该是什么样的，以及如何成为一个合格的公民。

关键词三：与教育界同行

国家年度教师必须与教育界的同行和同事一同发展进步。他们取得的瞩目成就看上去固然是自己不断勤奋努力的结果，但事实上，在成为国家年度教师之前，得益于富有经验与智慧的老教师的帮助、指点和提携，他们才能逐渐成长起来。成长起来后，他们需要给予回馈——帮助同事一同成长。他们应乐于将自己的教学经验和智慧跟同事分享，尤其是要做新教师的导师，指导新教师的专业发展。

关键词四：非重点学校

由于重点学校的教师、学生、校长、学习资源、软硬件各方面都比较好，所以人们认为，这些学校中的教师若想取得卓越的教学成绩并非难事。而那些身处各方面条件都不好的学校的教师，克服种种困难和挑战，将光明撒到学生的心间，让学生追逐梦想、发挥潜能、实现梦想。这些教师才是最值得人们崇敬的。

那么美国国家年度教师具有什么样的特质呢?

1. 普遍具有积极的情绪状态

有过教育经历的人都知道，当教师并非那么容易，然而教学的复杂性经常被大众低估。“教学是一种常常会让人感觉到孤独、焦虑、遭疏远和被辜负的经历。因此，课堂往往是一个混乱的竞技场，教师就是场上与无数歧路格斗的斗士。”美国国家年度教师和所有普通的教师一样，也经常遭遇教育教学中的种种混乱无序。不同的是，他们总能够采取积极的应对方式。换言之，美国国家年度教师普遍具有积极的情绪状态，能够以乐观和积极的方式面对教育教学中的突发情况或不利事件。

2. 非常重视教学创新

美国国家年度教师都深谙教学的重要性：“教学是最有价值的工作，没有什么比看着孩子的心智成长更让人激动人心了。”美国国家年度教师开展教学创新的动力源自教学反思：“作为专业教师……要对自己的工作、对自己每天要求学生所做的每一件事进行评估。”持续不断的创新是他们专业价值的充分体现。教学创新能够培养教师的批判性思维，形成教师独特的教学风格，增强教师的自信。

3. 具有个性魅力

教师的个性魅力具体包含哪些内容并没有统一的标准。一般来说，人们评价一位教师是否具有个性魅力时会重点考虑以下这些内容：对教育事业是否高度投入；自身生活或事业遇到挫折时，能否乐观与理性地面对；对学生能否给予由衷的爱和鼓励；等等。当然，最重要的莫过于教师的激情与乐观。只有那些富有激情、积极乐观的教师才能感染他人，才能释放自身的个性魅力，才能在无形中对学生产生积极的影响。

4. 努力追求自我实现

美国国家年度教师虽然身处平凡的岗位，却不满足于做普通的教师。他们的行为非常符合马斯洛对自我实现者的描述：他们专心致志地从事某项工作，工作与欢乐的分歧在他们身上已消失了；他们全神贯注于某一件事，忘记了他们的伪装、拘谨和畏缩而彻底献身于这件事。美国国家年度教师正是这样一群自觉、自愿、彻底地献身于教育事业的自我实现者，教育是他们唯一、终身和永远的事业。

以下是历年美国国家年度教师的故事。

2016年美国国家年度教师贾汉娜·海斯

贾汉娜·海斯在康州中西部工业城市沃特伯里的约翰·F. 肯尼迪高中教历史。

贾汉娜生活在一个充满贫困与暴力以及高犯罪和低期望的社区，她的家族中没有一个人上过大学。青少年时期，贾汉娜怀孕了，她想辍学。但她的老师们在她身上看到了一些东西，相信她会有远大的梦想和更好的人生。他们让她相信自己是读大学的料，她不仅能改善自己的境况，还有改善自己周围境况的特殊天赋。

事实证明，的确如此。约翰·F. 肯尼迪高中的校长说贾汉娜把学生视若珍宝，因为她记得自己当时也是他们中的一员。她知道她班级里的每一个学生都面对着各种困难和境况，她始终相信学生身上存在各种可能性。这就是让贾汉娜远远不只是一名教师的原因，她还是协助学生解决问题的指导者和学生的知心朋友。

她组织学生为自闭症儿童募捐、给无家可归者提供食物、清理社区街道，甚至登记选民。她理解这些学生，她知道不应设定低期望，而应设定高期望，并向他们说“你们能拥有更好的人生”。

她相信学生需要自我反思的榜样。为此，她以身作则，为学生树立了一个良好的榜样。她不仅是自我反思的角色模范，还是积极公民的角色模范。

2015 年美国国家年度教师莎娜·皮普斯

莎娜·皮普斯从教的时间并不长。在进入学校从教之前，她先后从事过电台音乐节目主持人、医务助理、宠物保姆和教育记者。2010 年，莎娜开始到得克萨斯州阿马里洛的帕罗·杜洛高中任教。从那时起，学校里参加大学预修课英语Ⅲ考试的学生人数就翻了倍。2015 年，30 名学生参加了难度更大的大学预修课英语Ⅳ考试，在莎娜到来之前参加这一级别考试的人数为 0。奥巴马认为莎娜的影响已经超出了她的教室范围。她为使难民家庭的孩子能够在线学习而录制了课程；她的学生走上街头，参加公共健康运动，做关于健康的好处的社会科学研究；作为学校的教学教练和学区的阅读素养培训师，她还帮助其他教师学习怎样更好地阅读和写作。

莎娜不但是一位有活力的、迷人的、闪耀着光芒的教师，而且是一位持续努力提高、完善自己的教师——“她就像一颗洋葱，里面总是有很多新叶子”。莎娜是一位终身学习者，并激励学生和同事不断学习。奥巴马称赞她努力工作，以获得并保持学生的信任，帮助学生发现成长的新路——学术的和情绪的，以超越他们的现在，并实现他们的未来。他引用了莎娜的话——“在某种意义上，我贩卖希望”，并说他爱这种说法。

2014年美国国家年度教师肖恩·麦库姆

肖恩·麦库姆把学生当作自己的孩子一样来给予关爱。肖恩对学生的这种无私关爱，让许多问题学生脱胎换骨。奥巴马在颁奖仪式的致辞中，称赞包括肖恩在内的教师们“在做上帝的工作”。

“教师对学生要像对自己的孩子一样，关心和爱护他们，让他们确立正确的信念和道德，成为善良的人。”肖恩说。

他强调，保护孩子的好奇心非常重要，教师要通过教育让学生变得更有好奇心和创造性。“孩子是上天给予世界的礼物，他们用纯净的眼睛去看世界。作为教师，我们要保护他们的纯净和好奇心，鼓励他们去探索世界，思考如何让这个世界变得更美好。”

他也强调教育要“让世界变得更美好”。正是这种对教育的期许，让他不满足于做一个简单传授知识的教师，而致力于对学生批判性思维的培养。“当前社会日新月异，无论我们教会学生什么知识和技能，都会在20年内过时。”肖恩说，“教育的根本使命并不是告诉学生今天确信的答案，而是教会他们如何批判性地看待这个世界，以便在未来将世界改造得更好。”

他认为教育要帮助学生实现自己的梦想，让他们明白自己“需要知道什么”和“能够做什么”。“教育不是为了已经完成的世界，教育是为了未来。教育让未来的世界变得更美好。”

2013年美国国家年度教师杰弗里·沙博诺

奥巴马在颁奖仪式的致辞中盛赞杰弗里·沙博诺是一位非常卓越的教师。10多年前杰弗里刚开始在齐拉高中教书的时候，学校没有开设工程学课程，科学课程也十分落后，学生得到校外上技术班。杰弗里决定改变这种状况。他想让学生知道，像量子力学这样的理论并不是那么难的，反而是能令人兴奋的。由于他的不懈努力，齐拉高中科学课程的学习人数剧增，以至于不断需要招聘新的教师来满足学生旺盛的学习需求。

他最突出的成就是在齐拉高中创设了一个帮助学生在自己学校里就能

获得大学课程学分的项目。有了这个项目，齐拉高中的学生就无须参加通常的大学预修课考试。参加了学校的化学、物理学、工程学与建筑学的课程，学生就能获得大学里这些课程相应的学分。

在教学中，他运用热情的话语，营造积极的氛围，帮助学生主动投身于科学课程的学习中。他着力培养学生对自身能力的信心，以及在教室、学校和社区的合作与奉献精神。

他在教学过程中将主题分解为小步骤，以便让学生每一步都能取得成功并获得自信心——他们取得了自己看得见的进步，完成了想要完成的学习任务，因此变得更加自信了。

2012年美国国家年度教师丽贝卡·米利沃基

丽贝卡·米利沃基是加州路德伯班克中学的七年级英语教师，在从教的第14年，丽贝卡被评为2012年美国国家年度教师。对于自己的成功，她最想分享的经验是，作为教师，要始终“充满激情，保持好奇心，设置高期待。要知道，可能在你全然不知的某一刻，某个孩子的潜能已被你点亮”。

丽贝卡说自己将责任感奉为圭臬，“教师的影响是巨大的，这种影响塑造着我们教过的每一个孩子，并改变着这个世界。我必须确保自己很好地完成教师的首要任务，即教育好学生，并教给他们所有在未来即将从事的各种职业中所必须掌握的技能”。

她鼓励学生发挥创造力，让他们将欧·亨利的短篇小说改编成电影剧本，拍成影片，并在当地一位作家的帮助下，又将小说改编成话剧剧本，邀请专业演员在舞台上表演。她将课堂教学拓展到学校之外，带着学生去水族馆、中国城、科学中心，甚至到拉布雷亚焦油坑进行实地考察。她会用一些小技巧让课堂变得有趣，比如，将班上学生的名字写在一副牌上，抽到谁就由谁来回答某个问题或朗读某篇文章；她的讲台上放着一个旅馆服务铃铛，回答正确的学生就会听到“丁零”一声……

基于多年与学生沟通、交流的经验，她认为，面对青少年，最关键的是要认识到这个年龄的孩子并不那么乖巧顺从，相反，他们非常叛逆，不过，只要身边有极富责任心的人给予关心和帮助，他们就会变得非常出色。

2011年美国国家年度教师米歇尔·希勒

1995年，20岁出头的米歇尔·希勒即将从普林斯顿大学化学专业——美国顶尖大学的热门专业毕业。在别人看来，这个时候的她前途无量，可以去做任何想做的事情。米歇尔却选择到马里兰州的一所公立学校做教师。

从教10多年来，她最突出的成就是将各种远离科学边缘的弱势学生带入科学世界。她所教的进阶先修课程相当于在高中提前修读的大学课程，通过考试便可以为被大学录取增加筹码，也可以代替大学相关科目的学分。她能用手语教授最抽象的化学概念，让马里兰聋哑学校建校135年来首次开设进阶预修化学课程；她让传统的白人、男性、精英学生占优势的化学课上出现大量“非主流”学生的身影，如聋哑人、少数族裔学生和声称不喜欢科学的女生；她所教授的化学课出勤率为100%，考试通过率高达90%以上。

她说：“我的秘诀是，让所有学生从进入课堂的那一刻起，就觉得是在学自己最喜欢的学科，不管是擅长还是不擅长。我现在教三个班92名学生，每个人一进实验室都觉得自己是化学家，我让学生做的就是挽起袖子，戴上护目镜，按照自己的想法去尝试。当学生实验失败后一脸茫然地问我该怎么办时，我从不直接去演示正确做法，而是告诉他们‘现在你需要做的是解决问题，我相信你能做到’。”

在我国，也有诸多针对教师的评奖，但评奖对教师所起到的激励作用以及对教师形象的塑造作用十分有限，有时甚至会产生反作用。比如，有相当比例的国家级名师拥有行政头衔；获得名师奖励之后，不少教师就逐渐脱离教学岗位，走上行政岗位。这都是评奖的异化。为此，可以借鉴美国评选国家年度教师的做法，由行业协会主导，对真正的一线教师按照教育标准进行评选、奖励、表扬。

去美国留学要参加的考试

留学考试是所有人决定出国留学之后做出的第一步努力。与美国留学相关的考试，分为语言考试和学术考试两种。要想申请一所美国的学校，就要从语言能力和学术能力两方面来证明自己有能力去美国就读，能适应那边的学习、生活环境。

如果要赴美国读中学，要参加的语言考试为TOEFL或IELTS，要参加的学术考试为SSAT。美国现有对中国招生的中学，只有少部分是要求学生参加SSAT的，绝大多数不要求有SSAT成绩。

如果要赴美国读大学本科，需要参加的语言考试为TOEFL或IELTS，需要参加的学术考试为SAT。美国绝大多数大学对中国学生免SAT成绩，只要考TOEFL或IELTS就可以申请美国的顶级大学。

如果要赴美国读研究生，需要参加的语言考试为TOEFL或IELTS，需要参加的学术考试要视情况而论。如果申请商学院，需要考GMAT；如果申请商学院以外的学院，需要考GRE；如果申请法学博士，需要考LSAT。美国有些专业不要求学术能力测试，即不要求提供GMAT、GRE或LSAT成绩，如对外英语教学硕士（TESOL）、法律硕士（LLM）、艺术类硕士。

下面介绍一下以上提到的考试类型。

1. IELTS

IELTS英文名为International English Language Testing System，中文名为国际英语语言测试系统，即我们常说的“雅思。”它是由英国文化协会、剑桥大学考试委员会和IDP教育集团共同举办的国际英语水平测试。

2. TOEFL

TOEFL英文名为The Test of English as a Foreign Language，即我们

常说的“托福”，是由美国教育测验服务社举办的英语能力考试。它包括纸考、机考和网考三种形式，目前在大陆举行的是网考，听、说、读、写各部分满分30分，共计120分。

3. GRE

GRE英文名为Graduate Record Examination，中文名为美国研究生入学考试，适用于除法律与商业外的各专业，是美国大学研究生的入学条件之一，也是奖学金发放的重要依据之一。

4. GMAT

GMAT是Graduate Management Admission Test（经济管理研究生入学考试）的缩写。它是一种标准化考试，目前已经被广泛地用作商学院的入学考试，是当前最为可靠的测试考生是否具备顺利完成商学院项目学习能力的考试项目，专门帮助各商学院或工商管理硕士项目评估申请人是否具备在工商管理方面继续深造学习的资格。

5. LSAT

LSAT是Law School Admission Test（法学院入学考试）的缩写，是由位于美国宾夕法尼亚州的法学院入学委员会负责主办的法学院入学资格考试。作为美国法学院申请入学的参考条件之一，该成绩将作为预估申请人在法学院的正确且合理的推论与判断能力、分析及评估能力之表现，没有报考资格的限制。几乎所有的法学院都要求申请人参加LSAT考试。

6. SAT

SAT英文名为Scholastic Assessment Test，中文名为学术能力评估测试，由美国大学委员会主办。SAT成绩是世界各国高中生申请进入美国名牌大学学习及获取奖学金的重要参考。SAT推理测验是美国大学录取中的一项标准化测试，旨在考查学生的能力是否足够适应大学教育。

7. SSAT

SSAT英文名为Secondary School Admission Test，中文名为美国中学入学考试，适用于申请美国、加拿大私立中学，是申请者所必须具备的一项考试成绩。主要考查学生的阅读理解能力、逻辑思维和发展潜力。针对不同年龄的学生，SSAT考试分为高级和低级，前者针对目前就读八至十一年级的学生，后者针对目前就读五至七年级的学生。

此外，还有与 SAT 并称为“美国高考”的 ACT。ACT 英文名为 American College Testing，中文名为美国大学入学考试，是美国大学本科的入学条件之一，也是奖学金发放的重要依据之一。ACT 被很多美国大学所承认，尤以中部和西部的院校居多。和 SAT 不同，ACT 更像一种学科考试，更强调学生对课程知识的掌握，同时也考虑到了对学生独立思考和判断能力的考查。

美国教育特色课程

1. AP 课程

AP 课程，全称为大学预修课程（Advanced Placement）。AP 课程由美国大学理事会主办，是在高中阶段开设的具有大学水平的课程，共有 22 个门类、37 个学科。该课程的目的在于，使高中生提前接触大学课程，完成一些大学的学分课程及考试。

AP 课程完全符合美国一流名校的招生理念和选才思维模式，表现在以下几方面。

（1）能增加 GPA 分值。平均每门 AP 课程成绩可增加 GPA 分值 0.1 分，而 GPA 成绩恰恰是美国一流大学录取学生时考虑的第一要素。

（2）是学生学习能力和未来发展潜力的最好证明。在美国，选择参加 AP 课程学习的学生先要通过荣誉课程，而欲进入荣誉课程，必须先通过普通课程。因此，能参加 AP 课程学习本身已经是优秀学生的体现，表明已具有充分的学习能力。由于学生在选择具有大学难度的 AP 课程的过程中，必须考虑未来大学的专业方向，因此使得一流大学从学生所选择的 AP 课程中就能充分判断和确信学生是否具有未来专业发展方向的充分准备和成功把握。

（3）是美国一流大学确信学生敢于挑战学术难度、明确学术发展方向的最重要指标。AP 课程的内容，较之中学课程内容，难度较大。因此，一流大学能够轻易地从学生在中学期间是否选修了 AP 课程、选修了多少门 AP 课程当中，判断学生挑战困难的信心和能力。

（4）可换大学学分，以便提前大学毕业或在大学学习更多自己感兴趣的其他课程。美国和加拿大 90%以上的学院和所有的大学都认可 AP 课程考试成绩并授予大学学分。如果学生在中学取得一定数目的 AP 课程学分，就意味着可以提前 1～2 年大学毕业。美国高中生会在十一年级时考完 SAT，在十二年级，即高中的最后一年，要做两件大事：其一，依据 SAT 成绩，申请大学和奖学金；其二，选修和备考 AP 课程，学生利用高中最后一年免费教育的时间，提前完成一些美国大学的学分课程及考试，否则在大学阶段完成同样的课程，取得同样的学分，就要支付高昂的学费。也就是说，AP课程可以为起到减免大学学分、降低大学教育成本、缩短大学教育时间的作用。

2. IB课程

IB课程，全称为国际预科证书课程（International Baccalaureate Diploma Program），是由国际文凭组织为高中生设计的为期2年的课程。

IB课程不以世界上任何一个国家的课程体系为基础而自成体系，广泛吸收了当代许多发达国家主流课程体系的优点，涵盖了其核心内容。因此，IB课程既具有与世界各国主流教育课程之间的兼容性，又有自己教育理念发展下的独特性。

IB课程包括六个基础学科领域，学生既要学习科学科目，又要学习人文科目。所有参加IB课程的学生，都必须在这六个领域中的每个领域选一门课程进行学习。每一门课程又分为高级课程和普通课程。

IB课程被全球教育界认可为具有较高学业水准的教育项目，被更广泛的大学、中学所接受，并在全球范围内迅速发展、壮大，成为国际学生考取国外大学的最理想选择。

3. GAC课程

GAC课程，全称为全球评估证书（Global Assessment Certificate），是一种国际英语预科课程，是ACT的子课程。GAC课程，是美国教育委员会与澳大利亚高校根据母语为非英语国家的高二结业及高三毕业后的学生进入美国和英联邦国家的大学存在的语言和学科知识差异而制订，帮助学生在本国完成国外大学预科课程的学习，突破英语障碍，顺利地进入国外正规大学而开设的课程。

GAC课程并不是单纯的英语课程或考试培训课程，开设的课程有高等数学与统计、国际商务、自然科学、计算机、商业基础知识等科目。因为学生在完成前期语言强化课程预科学习后，不仅要适应国外大学的教学方式，还要在全英语教学环境下学习数学、科学、商业、计算机等知识和技能，所以开设这些课程有其必要性。

感悟日记篇

感悟美国快餐文化

我在 Lyons 校长家住宿时，我们每天的早餐很简单，一般为果汁或牛奶、面包、鸡蛋。果汁、牛奶都是从超市购买的大盒装的，贮存于冰箱里；鸡蛋立煮或立煎即吃；面包置微波炉或烤面包器热一热即可。

Lyons 校长的午餐也是自带，更简单，就是一份放在纸袋里的三明治，环保又经济。我们在学校中吃的午餐也是各式各样的比萨，或者面包里面夹着抹着芝士的各种生菜，如包心菜、圆葱等，以及一杯果汁、一个苹果，没有任何炒菜。无论是小学生还是中学生，大部分都是自带快餐，当然也有家庭困难的学生的午餐由学校来提供。Cathy 给我们准备的晚餐也不过是面包涂果酱或奶油，外加一盘沙拉、一些点心、一点水果、一块牛排或猪排而已。到外边去参观、逛商场，买的、卖的也都是比萨、夹菜面包等。

美国的各式快餐

美国人的快餐文化来自其饮食习惯，其饮食习惯来自其生活理念，而其生活理念又来自其快节奏的生活环境。美国快餐是美国人追求效率、讲求省时省力的产物，它以快捷、方便的特点被广大美国人民所欢迎。这些追求效率、讲究省时省力的美国人是没有时间去烹饪、等待一份色、香、味俱全的大餐的，于是热狗、汉堡、三明治、薯条、薯片、洋葱卷、炸鸡、比萨等一系列方便快捷、实惠便携的快餐就成了美国人最好的选择，高效率与快节奏的生活使得快餐文化渗透到美国社会的各个角落，使美国成为当之无愧的快餐帝国，快餐文化成了美国餐饮文化的一个重要特征。

各式快餐店在美国比比皆是，有专卖汉堡的 Burger King、专卖墨西哥春卷的 Taco Bell、专卖三明治的 Subway 等。其中人们最为熟知的是快餐“三巨头”：麦当劳、肯德基、必胜客。随着世界各国沟通交流的日渐频繁，这些快餐店就将美国的快餐文化带到了其他国家。在中国，麦当劳、肯德基、必胜客可谓遍地开花，在任何一个城市都能寻觅到它们的身影，而且每家都是顾客盈门、生意兴隆。这些快餐店如此受欢迎，除了快餐食品方便快捷之外，还因为它们有舒适洁净的就餐环境、温馨周到的服务。快餐店员工都穿着统一的服装，热情地欢迎每位顾客的光临，及时清理卫生，让顾客有舒适、清洁的用餐环境。一家店能做到如此并不稀奇，但这么多家连锁店能做到如此，堪称是一个奇迹。而这个奇迹就是美国人严谨认真的工作态度、始终如一的品牌意识的最好体现。

现在社会上慢慢兴起了绿色食品之风，快餐被指责为高热量的垃圾食品。但令人欣慰的是，各家快餐店都在积极调整自己的食品结构，推出了一系列健康的快餐。我们有理由相信，健康快餐会以更加蓬勃的生命力继续发展下去。

在美国除雪所想到的

在美国考察访问的21天里，我们碰到了三场大雪。最后一场暴雪让我们领略到了它的威力，给我们留下了终生难忘的记忆——差一点困在华盛顿。前几天我们淄博市正月十五下的20厘米大雪让很多市民感叹遇上了今年最大的雪，但与华盛顿的雪相比，真是小巫见大巫了。正月十六是学校开学的第一天，我走在路上，看见为数不多的市民在扫雪，不禁想起了我在美国与寄宿家庭的房东一起除雪的情景。

当时，房东告诉我，在美国，政府规定，商店和建筑的主人要做好自家门口和通道积雪的清理及防滑工作，行人在谁家应该清理的路段因积雪摔伤或滑倒，谁就得负起相应的责任，伤残住院的护理费、误工费等都得由这家人买单。这种“定点负责”的规定，使得人们养成了一种“各人自扫门前雪”的习惯。而商用建筑的主人要么雇人，要么自己动手。在美国，老板放弃休息时间亲自清理积雪的情况并不稀奇。

除雪

那天，我和房东一起清理完房子周围人行道上的积雪后，我问他是否要将门口的公路也清理出来以便汽车进出，房东告诉我公路上的积雪由政府的除雪车来负责。果然，没过几分钟，一辆除雪车缓慢驶过，公路上的雪很快就被清理干净了。我在房东的车库里见到了各种除雪工具，还有一台小型的家用除雪机。美国政府规定，凡是下大雪，中小学可提前放学甚至不上学。我感叹，一场雪也能检验一个国家的制度和在制度下形成的人人遵守秩序的习惯。无论下多大雪，民众和政府都知道自己该承担什么样的责任，该干什么事情。据说，在加拿大，居民如果没有把自家门前的雪除净，政府的除雪专员会来提醒。如果过期还没动静，除雪队会出动代为清理，不过所需花费要由业主承担。

而在我国，大家都认为除雪应由政府、环卫工人、物业负责，与个人无关。政府虽然倡导全民除雪，但这只是一种倡导、一种号召。虽然有时会发生政府机关、事业单位人人出动上街扫雪的感人事情，但我个人认为，政府应该出台规定或法律，并保证每个人都能做到照章行事，这样就不会出现北京的环卫工人因连续除雪而累倒在自己的岗位上的事情了。

我们真的需要"法"治而不是"人"治。

对美国教育的感悟

1. 既有严格的校规，又鼓励学生发展个性

美国的学校一般都是口字形的二至三层楼房结构，中间的楼门就是校门，没有围墙，但保安措施相当严密。校长室就在一进入校门的左边或右边，所有师生上班、上学都要路过校长室。每个班的学生数量为6～25人，教室里的桌椅摆放以学生的活动为依据灵活安排。所有学生全部走班，没有固定的教室，课间一般有3分钟的换教室时间。一下课，学生便匆匆赶到下一个班级上课，而教师待在教室里不动。上课时，学生如需上厕所可以随便出入教室，但是出去、回来均很安静，从不妨碍别人，而且进出时均有登记。学生没有固定的教室，所以在走廊里他们都有专用柜子来储存自己的东西，柜子外面有固定的样式，不得随意涂画，但其内部学生可以根据自己的爱好加以装饰。

美国教育强调个性化发展和自由发展，鼓励学生保留自己的特色。很多学校没有统一的校服，学生的穿着五花八门。学生在课堂上可以自由地发表自己的想法，教师时刻关注学生学什么、学得怎样、是否明白。在各所学校参观时，我感受最深的是学生提问、回答都不用举手，也不用站起来。除了英语、数学、科学、社会学等必修课外，大量的选修课如拉丁语、法语、音乐、美术、表演、摄影、服装设计、烹调等为学生提供了广阔的选择空间。学校始终强调学习时间的重要性，午餐时间为25分钟，没有午休时间。在校内不允许学生打手机，也不能听收音机、MP3等，以保证将在学校的时间都用在学习上。

我们还了解到，美国的校规非常严格，有关于作弊、男女交往过密、抽烟、辱骂师生、缺课、经常迟到、不听管教、扰乱正常上课秩序、出怪声、打架、乱按火警铃、赌博、打牌、带电子产品（如手机、MP3、收音机）等共计40多条校规，学生一旦违反校规，他知道他将受到什么样的惩罚。一切都是程序化的，没人敢随心所欲地改变，因为他们认为惩罚也是一种教育。

2. 以学生为本、教师为学生服务的学校教育

学生走班的教室同时也是学科教师的办公室，教师会根据需要来装饰属于他的这块领地，每一间教室都有自己的特色。教师压力比较大，每天必须上3～5节课，并且是不同层次、不同内容的课，但是每一位教师都非常敬业，对自己的工作非常热爱、非常投入。课堂教学模式一般是上课前让学生知道这节课的学习目标，上课时提出涉及本节课内容的几个问题，让学生进行讨论，先假设后验证，课后作业大都是论文、课题研究的形式，所以教师批改作业的难度比较大。学校不仅有责任提高学生的整体学习成绩，也重视贫困家庭或少数族裔的学生、学习暂时落后的学生以及残障学生等特殊群体。除讲课的教师外，教室里会经常多出一两名教师，他们不是辅导学生学习，而是照顾个别残障学生上课。这些学生由教师一对一地、全天跟踪地照顾学习和生活，这就是全纳教育的形式。

3. 注重对学生进行爱国主义教育和道德教育

我们强烈地感受到了美国中小学对学生进行的爱国主义教育。国旗、国歌、总统画像这些美国国家的象征物到处可见，几乎每一个班级都悬挂有美国国旗。热爱国旗是学生爱国主义教育的一个重要组成部分，每天的学习是以唱国歌和对国旗宣誓尽忠开始的。我在伍得兰德地区高中观摩一节学生的声乐课时，我请他们给我唱首歌，他们神情凝重，手放在胸前，为我唱了带有和声的美国国歌。生活即教育，美国就这样在学校生活中渗透着美国精神进行着爱国主义教育。

美国的社区志愿服务有着悠久的历史传统并得到政府的重视和法律的保障，积极参加社区志愿服务已成为美国国民性格的一个主要特征。为培养学生的公民意识和社会责任感，学校鼓励学生参加丰富多彩的课外活动及社区活动，以服务社会、回馈社会。另外，学校也鼓励学生做义工，深入社区的医院、老人院、图书馆等开展服务工作，并取得相应的服务工作证书，这既是准予毕业的要求之一，也是大学录取学生的指标之一。

认识美国高中教育

通过考察，我们对美国高中教育有以下几点认识。

首先，美国高中教育强调生存技能培养，与我国贯彻素质教育的要求有异曲同工之处，对我国教育改革具有一定的启发与借鉴意义。专家们指出，这些生存技能对于学生在大学学习期间及将来工作中取得成功具有特别重要的意义。哈佛大学心理学家霍华德·加德纳提出在未来取得成功所需要的五种心智能力，包括学科心智能力（掌握一门或多门学科或专业工艺的思维方式）、综合心智能力（能够综合不同学科的思想并与其他人交流）、创造心智能力（能够揭示、澄清新的问题与现象）、尊重心智能力（了解、欣赏人类的差异性）、伦理心智能力（了解和承担作为劳动者和公民的责任）。

其次，美国高中教育强调以学生发展为本的基本理念。在美国，学生是学校教育的中心，一切工作都为学生的发展服务，教育的本义和目的是使学生成为完善的、健康的、快乐的和幸福的人。而我国的学校教育中，还存在着远离学生的实际生活、远离真正为学生的发展服务的现象。我国学生的独立性与批判性较差，缺少追求真理、勇于承担、善于沟通、乐于分享的品质。因此，我国学校教育的培养目标还要更多地体现全球化、国际化，只有这样，培养出来的人才才能在明天站住脚，不会跟在别人后面亦步亦趋；只有这样，我们才能成为不落伍进而引领世界潮流的民族。培养目标还应突出教会学生做有思想、会独立思考的人，这样学生才能适应复杂多变的社会。今天的世界是创造者的世界，不能创造新的东西的人，就跟不上时代的发展。美国学校中一条基本的教学原则是鼓励创新，他们千方百计地教学生思考，问“为什么”，不断地探讨，相互学习，发展自己的创造力，这一点特别值得我们借鉴和学习。

再次，美国高中教育强调职业生涯与技术教育，并将其提升到增强美国经济竞争力的高度来加以重视。美国的普通高中大多是综合性高中，既为学生升学打基础，也为学生就业做准备；既开设有大量的学术性课程，也开设有大量的职业生涯与技术教育课程。学生即使选择升学，也可以选修一些自己感兴趣的职业生涯和技术教育课程。这种学校体制，有利于培养学生的实践能力、动手能力，对于我国当前加强职业技术教育具有一定的参考价值。

最后，美国高中开设的 IB 课程很有意义。美国高中学校大都开设了 IB 课程，这是一个为富有进取心的高中生设置的相当于大学预科水平的课程项目。它的教育目标是使高中生通过学习，在共享人类最先进的科学文化基础的同时，在接触不同民族文化的基础上，培养批判性思维能力及对世界文化交流的理解力和包容力，从而培养出未来的国际型人才。它的教育理念是强调各学科知识的综合与渗透，通过提供综合性的、全面均衡的课程，帮助学校尽力开发学生的聪明才智，引导他们将书本知识与现实世界紧密联系起来。这一课程不仅重视发展学生的智能，提高学生的成绩，而且注重培养学生具有相互理解的意识和公民的责任心，使学生成为有决断力和同情心的思想家、终身学习者，成为珍视人类和平、友爱，尊重各民族文化与生活习俗，在国际国内事务中有见识的积极参与者。IB 课程有许多优势，适合比较优秀的学生，不太适合循规蹈矩的普通学生。所谓“比较优秀的学生”，主要指有强烈的上进心、自制力，且喜爱独立思考的学生。因为 IB 课程要求学生有比较高的学习训练强度，这就需要有上进心和自制力来支撑学生不断努力。我们应当从这一课程建设中汲取营养，促进我国的新课程建设。

访美日记之考察郎瑞沃初中

2010年1月24日　雨（美国之行第七天）

今天，我们驱车前往郎瑞沃初中。这是Marie所在的学校，她在这所学校教历史，对中国很感兴趣，去过杭州。我们一进学校，就看见学生在门口列队迎接。在走廊的上空悬挂着学生自制的欢迎横幅，我们感到了他们浓浓的热情，也感觉到了“一切为了学生”的真正含义。学生中一个名叫泰勒的男孩正在学习汉语，他拿着厚厚的汉语拼音本让我们看。来到了校长办公室送上礼物后，我们到了教室观摩美国初中生的课堂。

学生制作的欢迎横幅

第一节是六年级的阅读课，教室里，学生非常活跃。第二节是社会学课，由Linda老师讲授。让我感到震撼的是，教室中的墙上、黑板上方贴满了学生自制的有关中国古代历史的手抄报作业，主题从春秋战国时期一直到清朝，每个朝代都有。

学生介绍中国周朝的手抄报

学生介绍中国秦朝的手抄报

然后我们又观摩了一节数学课，教室里的现代化设施应有尽有，学生学得非常投入。教室的墙上满是名言警句，据了解，这些名言警句是教师自己收集然后自己花钱请人喷绘的。

我上了校园电视台

我们的午饭是在健康课的教室里吃的，校长及其他教师与我们共进午餐。之后学校电视台的小记者们将我们邀请到了电视台进行现场采访，学生操作熟练，其认真程度和专业精神不亚于正式的记者和播音员。之后我们又到了计算机室，学生正在熟练地操作计算机，制作有关健康教育的课件，然后展示给班上的每一个同学看，在这样的课上，学生的动手能力、总结能力、演讲能力、逻辑能力得到了全方位的锻炼。

访美日记之学生在餐厅自修

2010年1月27日　阴（美国之行第十天）

今天我和诸贝贝副校长一起来到伍得沃德地区高中。这所学校坐落在Becken Falls市，这个市很小，只有5000多人。学校是2001年建的，历史不长。校舍很新，教室也比我们参观过的学校的教室都大。我们与Frank校长一见如故，聊了很多有关教育甚至教育以外的内容。之后我们就直接进班观摩。我们观摩了学习有障碍的学生的英语课，十几个学生，4名教师，其中2名在下面进行帮助、指导。之后我们又观摩了AP课、心理课、戏剧表演课。

午餐时间到了，在学生的引领下，我们取了食物与Marron老师交谈起来。助理校长组织学生有秩序地吃饭。20分钟后，学生就餐完毕离开自己的座位，清洁工将部分桌椅进行折叠，一切显得那么有秩序。忽然，餐厅里涌来百十个学生，原来他们是来自修的。因为在美国学生走班没有固定教室，所以都是在餐厅或图书馆自修的。

在餐厅自修的学生

下午我们受邀在图书馆进行了半个多小时的演讲，主要是讲解中国的地理位置和环境，诸贝贝副校长讲，我做翻译。学生很感兴趣，演讲取得了较大成功。

访美日记之听课与告别

2010年1月29日　雪（美国之行第十二天）

今天我们又回到了布瑞斯托东方高中进行观摩。

早上第一节有一名学生领着我们听了音乐理论课。音乐教师教学生认识钢琴谱，他与学生边交流边讲解，然后学生上台板演。一个女生斜着身子坐，表现非常活跃。有一个胖胖的黑人学生穿着暴露，她来晚了，但教师没有批评她。共有8名学生上课。

然后我们听了一节手工制作课。学生用剪纸工具将硬纸片剪裁成各种图形，把边磨平，然后插起来，涂上调好的颜色。共有10名学生上课。其中有一个残疾学生在磨边，一名教师专门陪伴她、帮助她。

第三节我们观摩了毕业班学生的职业生涯规划面试指导课。共10名学生上课。学生接受面试时，一名教师对学生进行面试，其他学生面前有一张评委答卷，要从被面试学生的表情、提供的作品等方面来评判并打分。接着另一名教师根据学生的表现进行点评。

最后我们观摩了一节体育课。三个班的学生同时上，三位教师各自点名。这三个班并不是按年级、性别分，而是按水平分的。点名后，开始放音乐，是激情的爵士乐，学生进行大约15分钟的跑步热身。有的学生很认真，也有打闹的、打篮球的，教师不管，任学生自由活动。音乐声低下来，学生走路，音乐声一大，学生又开始跑。那个手工制作课上的残疾学生也在其中，她见到我们非常兴奋，每圈跑到我们身边都要打招呼。跑完之后，每人用手放在太阳穴处试脉搏，然后去休息室喝水，喝完水开始打篮球。

这一天，我们要离开了，所以下午1点30分在学校图书馆为我们举行了一个小小的告别会。Lyons校长、助理校长和几位接待过我们的教师都参加了，大家依依不舍，非常留恋这一段在一起的时光。临走之前，使我既意外又惊喜的事情是上次那位记者采访我和诸贝贝副校长的内容见报了。看到我们俩的照片出现在美国的报纸上，我们都很激动、很兴奋。

下午 4 点，Lyons 校长夫妇送我们到刚到美国时居住的宾馆。与 Lyons 校长夫妇拥抱告别后，我们赴美培训团的这 25 个人又相聚在了一起。十几天不见，当我敲开宾馆房门时，桓台实验学校的李淑华校长一见我就拥抱了我，竟流出了热泪，我懂她的潜台词：终于见到祖国亲人了。我是英语教师，能用英语跟美国人自如地交流，所以这些天没太感到孤独。而其他的教师由于语言不通，与美国人交流有限，难免会觉得寂寞。

晚宴后，领队李团长召集我们进行了一个多小时的美国见闻汇报会。大家说了很多感悟，真是收获颇丰、不虚此行呀！

访美日记之风雪美国历险记

2010年2月7日　暴雪（美国之行第二十天）

早上我一醒来，发现雪还在下个不停。拉开窗帘，映入眼帘的是公路上缓慢行驶的汽车。宾馆门口的大路上一辆铲雪车正在工作，清理从门口到公路上的雪。我们的两个司机也正在费劲地清理汽车上的积雪和汽车周围的道路。电视新闻说，因为华盛顿的暴雪，所有的学校、博物馆等均已停课、停业。我们都非常焦急，不知能否按时出发，因为我们要赶到纽约乘坐周日凌晨的航班。

早餐后，大家将所有的行李搬运到车上。上车后大家都不说话，司机小心地开着车在高速公路上行驶，我们真怕高速公路因为大雪而封闭，一路上不时观察着路面，没有了往常在一起时聊得热火朝天的情景。

这时我给车里的教师们讲了老英语教材中的一篇课文——《66号公路历险记》。在美国66号公路上，一辆满载乘客的公共汽车遭遇暴雪，在汽油耗尽后，司机为救乘客在暴风雪中徒步9个小时，差点搭上性命，乘客最终获救，该司机后来被美国人民誉为“民族英雄”。我说我可不希望这样的故事发生在我们身上。正在这时，前面的交通指示牌上标明“前面路口封闭”，我们又担心起来了。幸亏司机判断准确，下了路口后又从另一个路口上来了。我们终于来到了一家服务站，服务站因为大雪导致停电正准备打烊，忽然涌进来我们20多个人，服务员感到十分惊讶。我们把店里能吃的东西几乎都买光了，才好不容易凑足了午饭，也就是每人一个冰凉的汉堡加一杯咖啡或可乐，算是勉强填饱了肚子。吃饭时我们恰巧碰上了一个中国旅行团，由6个家庭组成，其中还有两个七八岁的男孩。他们正赶往华盛顿。当我们告诉他们路上的情况时，他们好像还未意识到前面的困难和危险，直至上车前我们还劝他们返回纽约。

饭后我们上了公路，由于越往北走雪下得越小，而且已经有铲雪车在工作，所以终于见到沥青路面了。车速快了，我们的心情也明朗起来了。

我们在下午 5 点 30 分前赶到了纽约，回到了我们存放行李的旅馆。幸好，纽约没下雪。我们将行李重新打包去吃饭，然后赶到肯尼迪机场登机，13 小时后，飞机到达韩国仁川机场。打开电脑，网上都是华盛顿下暴雪的报道。4 小时后，我们登上回国航班，顺利到达青岛流亭机场。我们的访美之行画上了有惊无险而圆满的句号。

美国之行小诗几首

1. 参观纽约

今天我们来到了纽约曼哈顿区，登上船欣赏到了美丽的风光。世界真小，我竟然在美国遇到了淄博的老乡——时任淄博第十八中学的教导主任、现任北京市育英学校校长的于会祥。

灵秀的曼哈顿

上船后，我们来到了船头，真冷，手冻得都拿不住相机。曼哈顿现代化的高楼大厦一座又一座，两座大桥气势雄伟。近了，近了，美丽的自由女神像正高举着火炬迎接我们。船靠码头后，我们到了纽约证券交易所门前，看到了位于街上的铜牛。据说这是一个英国人为了鼓舞证券交易者的斗志，一夜之间将铜牛放在了交易所门前，后来移到了街上。听说摸了铜牛的耳朵就会发财，摸了铜牛的身体会给家人带来健康。然后我们到了联合国，跟随讲解员了解了联合国的功能和作用，参观了联合国会议大厅。从联合国出来后，我们来到了纽约第五大道，然后来到了时代广场，夜晚灯光下的广场让人震撼，令人遐想，闪耀的霓虹灯让人目不暇接。我不禁赋诗一首：

灯火阑珊曼哈顿，
倒影湖光灵秀浸。
荷兰隧道百年史，
自由女神火炬情。
华尔街里闲庭步，
纽约股市铜牛升。

高楼林立一线天，
第五大道见识增。

2. 在华盛顿玩雪

赶到华盛顿后的第二天，我一起床，就发现外面银装素裹，原来是下雪了。这已是我们来到美国后遇到的第二场雪了。我们几个人在雪中玩了一会儿，拍了几张照片。走在路上时，我即兴编了一首小诗：

异国他乡雪花飘，
银装素裹枝妖娆。
欢声笑语一路歌，
美好回忆在今朝。

3. 参观华盛顿纪念碑、国会大厦

天阴，听天气预报说有大雪，果不其然，11 点左右天空开始飘雪花。我们一行来到了华盛顿纪念碑的最高层。华盛顿纪念碑内有台阶和电梯，皆可到达碑顶。人们从华盛顿纪念碑顶部的 8 个观景窗中可纵览国家大草坪的全景。1888 年初开放时，碑身内的 898 级台阶上留下了许多心怀崇敬的美国民众的脚步，尽管现在的台阶几乎已无人行走，但电梯承载的来自世界各地的游客对这座纪念碑的崇敬之心，百年来并无更改。安检后乘坐电梯，我们来到了 192 米高的最高层，从观景窗中我们看到了华盛顿的城市全貌，非常壮观。下来后，倒影池两边的是美国历任总统所栽下的树，郁郁葱葱，有的已经很粗了。我们来到了“二战”纪念墙，这面墙约历时四任总统的任期才建成。然后我们来到国会大厦，先观看了一段介绍国会情况的影片，在导游小姐的解说下，我们游览了大厅、回音屋。很不巧，今天众议院、参议院都不开放，于是我们只粗略地看了看国会博物馆，就回到了车上。我又赋诗一首：

雪后的华盛顿纪念碑

漫天飞雪华盛顿，
纪念碑堂令人敬。
空中俯瞰全城景，
尽收眼底心憧憬。
国会大厦内流连，
金碧辉煌塑像成。

全体培训团成员在国会山前合影

他人智慧篇

从美国的学校没有“围墙”谈起

山东省桓台第一中学　崔佃金

美国的学校没有“围墙”是出名的。没有“围墙”的学校是什么样的？没有“围墙”的学校怎样管理和教学？2007 年 10 月 24 日，带着这样的问题，我来到美国康州参加为期 21 天的齐鲁名师建设工程人选赴美培训。

1. 从迷茫到收获——我怎么突破美国社会与学校的“围墙”

我被安排单独到布瑞斯托东方高中实习。当看到接我的 Lyons 校长因为我不会说英语而显出不太高兴的样子时，我感到担心、迷茫：交流有障碍，我在美国学校实习会有多大收获？我感到进入这所没有“围墙”的学校是困难的。汽车在高速公路上疾驶着，我也在快速思考着怎么办。最后我终于想明白了，我要用心去与他们沟通，用心去了解美国社会、家庭和学校。

到达实习学校的当晚，行李没放下，我就和学区的督学、校长一起观看了实习学校与其他学校的女排比赛，与他们一起分享了比赛获胜的喜悦，我的真诚赢得了他们的信任和支持。我还参观了小学、初中、高中、大学、社区大学。每天从早上 7 点开始，我就泡在学校的课堂里，听了实习学校开设的所有类别的课，从小学到大学共听了 45 节课；参观了学生课外活动场所，包括社区游泳馆、棒球馆、滑冰场、游乐场、游艇俱乐部、社区图书馆、青少年野外军事训练营等；参加了三场家庭晚餐会，作为特邀嘉宾出席了 170 名教师参加的布瑞斯托镇教师晚餐会；看了一场美国电影，参加了第二届康州中华艺术节。

我被安排单独到学校实习是幸运的，这是我人生中的一次重大突破。这期间，我拍摄了 1000 多张照片，写下了 2 万多字的考察日记和 6 篇感悟。当送我回宾馆的助理校长与我拥抱时，我为自己在美国学校实习的收获而高兴，为我用心突破了美国社会和学校的“围墙”而自豪。

2. 从校园到管理——了解美国社会与学校的“围墙”

当我们乘车在不知不觉中进入了耶鲁大学校园时，导游再次介绍耶鲁大学是没有校门和围墙的学校。我们从外面参观了学校的宿舍、教学楼、音乐厅等教学场馆，甚至没凭任何证件就进入了两个图书馆。各种商店、超市、餐馆与大学的教学场馆有机结合，确实看不到学校的大门和围墙。

几天后，我借着到纽黑文一家中国餐馆吃饭的机会再次对耶鲁大学进行深入了解。原来，除大学一年级的校区比较开放外，其余院系的大门都是需凭证件进入的。耶鲁大学的好多教学场馆都在地下，是相对封闭的。我还看到了耶鲁大学的秘密精英社团——骷髅社的大楼，大楼只有两扇很小的窗子。加入这个组织是很难的，成员的组织生活是严格保密的。为了保密，它的楼顶甚至可以停放直升机。

麻省理工学院的正门是很高的楼门，一进门就是通往几个方向的走廊。卫斯里大学和米德尔塞克斯社区学院都没有正规的校门。哈佛大学是有校门和围墙的，但很多门都不大，正门很简单，也不是很大，看样子最多允许两辆汽车同时进出。

我参观过的美国中小学校园，基本上都是口字形、日字形或田字形的二层楼房结构，没有专门的校门和围墙，校门就是楼门。除上学、放学时间外，正常教学时间各个出口都是只能出不能进的，外面的人不经允许不能进入教学区。美国教师住的别墅看不到防盗窗的影子，但有一套防盗系统，与社区警察局直接连着，只要发生被盗事件，警察几分钟内就会赶到。都说美国是自由社会，然而我们二十几个人在小湖附近停留了不长时间，就引来了警察的询问。

我体会到，美国的学校、家庭、社会都受到了一堵无形的“围墙”的约束，这是学校教学、家庭生活、社会发展的保证。

管理的“围墙”就是机构与制度。在我所实习的学校，只有一名校长和两名助理校长，见不到过多的管理部门和管理人员。校长直接面对每位教师，每天到校的第一件事就是通过电话了解教师的到校情况，及时做出课程安排；最后一件事就是填写当天的教学评估报告。助理校长直接面对每位学生和家长，在他的计算机管理系统中，学生的个人信息、家庭信息、历次考试成绩、违纪情况、获奖情况等都可随时查阅。助理校长还要组织召开家长会，听取家长对学校的意见和建议。据助理校长介绍，我去的那一周，这样的家长会就召开过两次，不过我没有机会参加。

美国中学都实行走读制，他们没有班的概念，只有课的概念。在课堂上，学生外出去洗手间都要登记时间，并拿着写有教师姓名和教室号的牌子，没有长时间不归的情况。我所在的实习学校有1400名学生，只有7名相当于我国班主任的指导教师，按照学生姓名开头的字母顺序，每位指导教师需指导200名学生。学生有问题可直接到指导教师办公室寻求帮助，由专人接待并安排与指导教师见面。这样事事有人管，胜过众多的人员和庞大的管理机构。

3. 从学校到家庭——使学生始终处于“围墙”之中

我参观过的几所美国小学，从一年级到五年级，都是由一名教师负责整个班级的各科教学。教师的办公室就在教室里，每节课45分钟，课间休息1～3分钟。从小学六年级开始进行分科教学，学生实行走班上课，每名教师都有固定教室，学生根据课程表不断更换教室。我所在的实习学校，早上的上课时间是7点40分，每节课84分钟，每天四节课，课间4分钟，这4分钟就是学生更换教室的时间。每个教室都插有国旗，其中第一节课有向国旗宣誓的时间。学校的餐厅不大，学生需要轮流吃饭，分三组，每组有25分钟的吃饭时间，吃完饭后马上回到教室继续上课。学生在餐厅吃饭的时候，也有教师同时在餐厅吃饭，并维持学生的就餐秩序。用康州教育厅分管中美交流的官员葛丹先生的话说，安排得这样紧凑就是为了保证学生在校时间基本都是学习时间，不给学生干其他事情的时间。

总之，美国学生、家庭、学校、社会在有一定自由度的情况下，都会受到一些看得到或看不到的约束，都会受到一些合理的制度和道德约束，使学校保持着充满活力的秩序。同时，家庭、学校和社会也会通过各种方式给学生提供个性发展的广阔空间，以突破学校、教材、课堂的限制，使学生充分发展各方面的能力，实现真正意义上的全面发展。

美国“不让一个孩子掉队”，我们怎么办

山东省桓台第一中学　崔佃金

2001年乔治·布什成为美国总统后，高度重视教育改革。他签署的《不让一个孩子掉队法案》，被普遍认为是继1965年《中小学教育法》颁布以来的最重要的一部基础教育法律。这一法案的重要目标是缩小孩子之间的成绩差距，为所有孩子提供高质量的教育。为此，美国教育部要求各州建立综合、全面的体系，支持一些学区的基础薄弱的学校的调整和改进；努力使得学生每年都取得显著进步，争取使所有学生的阅读和数学技能方面都能够达到熟练目标。在这方面，我感受最深的是美国的特殊教育。

在比彻路小学（Beecher Road Primary School）的一间资源教室里，2名教师正在给3名学习有困难的学生补课；另一间资源教室里有4名智障学生，每名学生由1名教师负责，教师基本上是手把手地在帮助着学生，教室内有厨房和卫生间。美国有专门的法律保证智障儿童、残疾儿童的受教育权。只要家长要求自己的孩子在哪所学校上学，那所学校就必须接收，并且必须制订专门的培养计划，智障儿童、残疾儿童必须和普通儿童有同样的学习环境和交往环境。这所学校的52间教室中有10间资源教室，专门给学习有困难的学生、智障学生、残疾学生使用。这些学生的教育由普通教师、专门教师、专职教师、生活教师共同负责。

在常春藤附属小学（Ivy Drive School），五年级的一个班级正在图书媒体中心上课。这个班的19名学生通过抽签被分成两组：一组查找图书资料并在旁边的阅览桌上阅读；另一组在计算机上创建电脑网络图，巩固他们所学的知识。其中2名学习有困难的学生在教师的专门陪护下学习。一节数学课上，3名学习有困难的学生的座位就在教师的讲桌前，助理教师坐在他们身旁，大多数时间都在专门辅导他们。一节体育课上，我见到了一名坐着轮椅的脑瘫学生。他的全身都不能动，生活教师却仍然专门推着他和普通学生一起上课、做游戏。当教师将抢到的球给这个学生看时，他

的脸上露出了笑容。教师发放统计运动量的计步器时，这名学生也得到了一个。

在布瑞斯托东北初中（Bristol Northeast Middle School），上午我听了一节六年级关于“比较分数大小”的数学课，下午又听了一节专门针对上午数学不过关的学生的补课。参加补课的12名学生普遍好动，课堂表现明显不如其他学生。为了让他们学会比较分数大小，教师设计了一系列题组。从2×6、50×1、50×50等简单题目开始，逐步过渡到比较分数大小的题目。他们虽然是一些学习有困难的学生，但精神状态都很好，丝毫没有自卑的情绪，都抢着回答问题和到黑板上去做题。这节课上了78分钟，比45分钟的正常课时间长出许多。下午学生放学后，教师都留下来进行集体备课，其中有一个组的教师讨论得十分热烈。陪同参观的校长告诉我，他们正在为一个学习有困难的学生制订专门的学习计划。

美国的特殊教育是全纳教育，真正做到了无障碍的受教育环境、均等的教育机会、零拒绝的教育理想。美国社会和学校的卫生间、停车场、会议室都有残疾人专用的设施或位置，由此我们可以清楚地看到美国社会、学校、家庭及学生本人在“不让一个孩子掉队”方面所付出的努力。这是我赴美考察体会最深、最受震撼的一点。

对比美国，我们做的相差太远，从小学到高中，有一部分学生会逐渐被学校、教师、家长、社会所“抛弃”。在小学的一次次成绩排名中，一些学生逐渐失去了学习的兴趣。初中、高中为了追求升学率，学校和教师把精力都放在少数升学有望的学生身上，把教学起点也定在少数升学有望的学生身上。这使得一大批身体没有残疾的学生却在精神上有了残疾，他们失去了学习的信心，有些甚至失去了生活的勇气。美国在全国范围内争取不让一个孩子掉队，而我们一个班就有十几个学生掉队，这是多么可怕的现实！要知道他们中可能会有瓦特、爱迪生，也有人可能成为诺贝尔奖获得者。

作为一个教育工作者，我要大声疾呼：重视我们的每一个孩子吧，他们都是中华民族的一员，都是我们的未来。我们也不应让一个孩子掉队！我决心从我所教的班级开始，从我所管理的教师、学生开始。

注重默会知识是实施素质教育的根本

山东省桓台第一中学　崔佃金

我原以为美国学生学的知识是浅显的，但从听课的经历和他们的课本可以看出，美国学生学到的陈述性知识较少，学到的默会知识却很多。

我在常春藤附属小学一个班的数学课堂上看到，学生通过两人一组打扑克的方式学习比较分数的大小，当不好直接判断时，他们就通过将圆分割成几部分的方式进行比较；另一个班通过在电脑上设计知识网络图，复习学过的关于耳朵、鼻子、眼睛、手的知识。总之，美国的课堂对学生的形象思维能力培养普遍重视。

我所在实习高中的汉语教师的 9 岁儿子折纸折得相当熟练。他 3 岁的时候，父母教给他一些简单的折纸技法，后来他自己看图纸就能折出狮子等很复杂的造型了。美国学校的科学课教室都与实验室相连，知识学习和实验操作相结合，如教师讲到斜抛运动，学生就到实验室做斜抛运动实验，教学效果相当好。总之，美国学生的动手能力普遍较强。

汉语教师的儿子制作的折纸

学生在做斜抛运动实验

在汉语课堂上，学生拿着自己从网上收集来的中国名人的资料进行展示，包括老子、孔子、关羽、毛泽东、李安、章子怡等。总之，美国学生获取信息的能力相当强。

美国的公立中小学普遍放学较早，一般下午 3 点就会放学，学生的课外活动相当丰富。我所在的实习高中每天下午都开展各种运动训练，项目遍及田径和几乎所有的球类项目，也有机器人设计、音乐、美术等活动。学生还经常参加各种比赛活动。我来到学校的当晚观看了女子足球比赛，第二天晚上在电视上观看了棒球比赛，第三天观看了康州机器人大赛，第四天晚上观看了男子、女子足球比赛，第六天观看了橄榄球比赛，第八天观看了由120名学生组成的管乐队行进表演。学校的走廊里摆满了体育奖状、奖杯等。总之，美国学生的身体素质相当好，做到了全面发展。

将要上场的足球运动员与父母拥抱

学生参加康州机器人大赛

学生参加橄榄球比赛

学生参加乐队表演

在常春藤附属小学的午餐时间，学生纷纷前来与我交谈，问一些关于中国和我所在的学校的情况。很多学生还拿来本子让我留言。有个小男孩用英语写下了“You are my friend”（你是我的朋友）的字样，一会儿他可能觉得表达得还不够，又回来再次写下了“You are my friend forever”（你永远是我的朋友）的字样。在我所考察的美国初中、高中，这样的场景也很常见。总之，美国学生的交往能力很强。

我们要重新认识“知识”。我国教育注重的是显性知识，它涉及“是什么”“为什么”等，主要是事实和原理的知识，存在于书本之中，可编码，可传递，可反思；而美国教育注重的是默会知识，它涉及“怎么想”“怎么做”等，本质上是需要理解和领悟的知识，存在于个人经验提升与参加实践活动中，是提升学生素质的关键。按照这样的知识概念，美国学生学到的知识是比较全面的。

有人曾在解释“素质”时说，当一个人把学校学到的知识全部忘掉，剩下来的就是“素质”。反思我们的教育，注重的是素质以外的所谓知识，而忽视了体现学生素质所需的默会知识，如动手能力、实践能力、获取信息能力、交往能力等。这是我们要加强和改变的。

这次学习我最大的体会就是，中国的教育必须真正以学生为中心，以学生发展为本，真正把学生的素质教育、能力培养放在首位。

美国学校数学课堂的教学环节与教学方法

山东省桓台第一中学　崔佃金

这次去美国访问，我参观了美国小学、初中、高中和大学共 11 所学校，听课 45 节，听取了康州教育厅葛丹先生和各学校校长的介绍。由此，我总结了美国学校数学课堂的教学环节和教学方法。

1. 教学环节

（1）收家庭作业，检查并记录。

每节课任课教师的第一个教学环节就是收学生作业。学生作业都打印在活页纸上，每个学生有专门的文件夹用于放置自己的作业。教师检查学生的作业完成情况，并打分，然后将分数逐一录入计算机，作为学生档案的一部分。

（2）教师针对家庭作业和上节课的内容，提问并交流。

教师在检查的基础上，针对家庭作业中出现的问题和上节课的内容进行提问和交流，有时这种提问是一对一进行的。

（3）学生练习，教师巡回检查。

这一教学环节主要是式子题练习，针对的是原理、方法的直接应用。

（4）接受学生提问。

学生练习后，教师会留出专门时间接受学生的提问。这一阶段学生也在相互交流。

（5）短时间测验。

教师根据学生的学习情况安排一次时间较短主要针对式子题的测验。

（6）例题讲解。

教师讲解本节课的例题，讲解时最注重的是从形象思维到抽象思维的过渡。教师不给学生提供现成答案，只呈现相关知识，学生自己总结出有关定理和公式。

（7）教师指导学生写学习笔记。

教师指导学生写学习笔记，最后的总结往往以教师事先设计好的表格形式呈现，并打印好发给学生。教师还会指导学生总结本节课学习时用到的方法以及怎样具体应用所学知识等。

（8）学生进一步练习。

这次练习时间较长，包括式子题和实践题两类。练习过程中，学生可随时向教师提问或与同学交流。

（9）教师收课堂练习并检查，当堂订正。

学生一般在课堂上都能按时完成课堂作业，也有一些检查时间。

（10）教师与学生一道做课堂小结。

教师指导学生做课堂小结，通常利用下课前10分钟进行。

（11）布置家庭作业。

下课前5分钟布置家庭作业，一般题量都比较大。

2. 教学方法

美国课堂教学的重点放在以学生为中心的教育上，教师的主要任务是培养学生的自学能力。美国学生没有课前准备的习惯，所以要使学生主动学习，课堂上教师就要设法调动学生的学习积极性。

美国学校数学课堂的教学方法主要有九种。

（1）类比和对比，教学效率为45%。

从听课情况来看，这是美国教师经常采用的教学方法，即通过类比实现知识的迁移，实现由形象思维到抽象思维的过渡。

（2）记笔记、总结，教学效率为34%。

美国学生的笔记是活页式的，设计合理，在每页纸的装订线一侧都留有一栏空白，学生可随时把自己的感悟、体会补充在此。学生在课堂上都会非常认真地记录下教师所讲的方法、知识等内容，在课后还可以进一步整理，任意调整先后次序，非常方便。学生的课堂练习题都是教师事前打印好的，学生不必专门准备练习本。

（3）及时鼓励学生，教学效率为29%。

及时鼓励是美国教师经常采用的教学方法之一。课堂上教师说得较多的是“good job”“excellent”等鼓励性语言，有的教师还会采取物质奖励的方法。我听过的一节数学课的最后环节，教师拿出一些精美的卡片，发给那些做题既快速又正确的学生。学生都把这些卡片珍藏着。

得到奖励卡片的小男孩

（4）布置作业，教学效率为28%。

每节课的最后5分钟是教师布置家庭作业的时间，高中生的数学家庭作业量在40分钟左右。

（5）非语言性表达，教学效率为27%。

抽象问题形象化是美国教师和学生常采取的方法，如采取分割圆的方式比较分数大小，这样比通分比较的方式形象得多，学生终生都不会忘记。

学生用分割圆的方式比较分数大小

（6）合作学习，教学效率为27%。

合作学习是美国课堂每节课都要采用的学习方式，大部分课桌和座位是连在一起的，这样便于学生根据需要随意搬动。学生年级越低，合作学习所占的比重越大。

（7）课前预习，教学效率为23%。

（8）实验假设，教学效率为23%。

（9）问题引入，教学效率为23%。

美国学校课堂教学的显著特点

山东省桓台第一中学　崔佃金

我发现，美国学校课堂教学有如下显著特点。

1. 注重实践性

不管是小学、初中、高中还是大学，教学内容和教学过程的实践性是课堂教学最显著的特点。小学生学过长度的度量之后，课本上呈现了各种昆虫，并标有它们的体长和翅长，让学生从数学的角度认识这几种昆虫。教师还在课堂上引导学生说出高度为 1 毫米、1 厘米、1 分米、$\frac{1}{2}$米、1 米、2 米的物体。

在高中数学课堂上，每节课都有实践性题目的练习。这种练习一般占课堂教学的近三分之一时间。在大学微积分课堂上，教师讲的四个题目都是实践性很强的题目，分别是关于圆的面积、球的体积、解直角三角形和圆内接四边形的面积。

2. 注重形象思维，淡化向抽象思维的过渡

在美国的课堂上，形象思维占学生思维总量的一半以上。如在学生学习“比较分数大小”时，教师启发学生画圆，然后通过将圆分割成几部分来比较分数大小。遇到带分数或假分数，就画几个圆，分割比较。

在注重形象思维的同时，教师也试图引导学生从形象思维过渡到抽象思维，不过这种过渡是自然的、潜移默化的。进行多次分数比较后，教师问学生通分的方法以及如何确定公分母，几个学生回答了公分母的几种确定方法，教师都给予肯定，然后让学生评判哪种方法最好。但教师并不规定学生必须采取哪种方法。在最后的测验环节，我看到学生在比较分数大小时，有的还是采用画圆的方法，有的采取通分的方法，有的采取估算的方法。通分时，不少学生拿着九九乘法表帮助计算，有的用计算器计算着诸如 2×50 之类的算式。我十分欣赏这种做法。美国学校不要求学生必须采取整齐划一的方法，根据各自的智力结构特点，针对某一问题有的学生过渡到抽象思维阶段，有的学生可能永远不会过渡到抽象思维阶段。

在美国的课堂上，这种从形象思维到抽象思维的过渡讲究水到渠成。在一节初中数学课上，教师写出“$\sqrt{1}$，$\sqrt{4}$，$\sqrt{9}$，$\sqrt{16}$，$\sqrt{25}$，$\sqrt{36}$，$\sqrt{49}$，$\sqrt{64}$，$\sqrt{81}$，$\sqrt{100}$”，让学生总结规律；在另一节初中数学课上，教师依次出示“$3(x+4)$，$4(2x-3)$，$-1(6-2y)$”，让学生练习分配率的应用，接着就引导学生将分配率应用到具体计算问题中，让学生进一步体会分配率的简便计算。

3. 注重循序渐进

“$y=(x-2)^2$，$y-2=x^2$，$y-1=(x-3)^2$，$y+2=(x-3)^2$”，这是美国十二年级关于图像变换的一个题组，题组从图像单一变换逐渐过渡到综合变换，学生通过对简单变换的理解逐渐掌握复杂的变换。

4. 课堂容量不大，学生有思考的时间

美国的课堂教学容量不是太大，每个学生都有较为充足的思考时间。对不清楚的问题，可以采取与同学交流或向教师请教的方式解决，学生基本都能跟上课堂教学的进程。

5. 建立竞争和激励机制

教师在课堂上会引入一些符合学生年龄特点的竞争机制，以激发学生的学习兴趣。在一节小学数学课上，学生在计算机教室通过计算机游戏来学习四则混合运算，学生都精力集中，教学效果很好。在另一节小学数学课上，教师让学生两人自由结合成组，发给每组一副扑克牌，同组的两个学生按都取两张牌，并按取牌的先后顺序将两张牌组成一个分数，谁的分数大，谁就能赢得对方的两张牌。最后全班统计，谁的牌多谁就获胜。

学生通过计算机游戏学数学

学生用扑克牌练习分数大小的比较

6. 熟练使用计算机（器）

在美国的课堂上，教师不要求学生刻意记住一些定理、公式等显性知识，而是更加注重学生解决问题的综合能力。从小学到高中，学生对计算机（器）应用得非常多，总体原则是能用计算机（器）解决的问题，就不必使用人脑。每个数学教室内都有很多计算器，有的教室甚至有三种计算器，学生可以很方便地借用。

学生正在使用计算器

其他一些课上学生也把计算机（器）作为学习的有效工具。如在一节小学英语课上，学生使用计算机创建网络结构图以显示他们所学的知识。学生创建好后，用计算机打印出自己的作品，交给教师看。

7. 科学课教室旁边就是实验室

在美国高中，科学课教室的旁边就是实验室，学生几乎每节科学课都要到实验室进行实验、测量、计算、讨论等，以此验证在课堂中所学知识的正确性。

美国的图书馆

山东省桓台第一中学　崔佃金

在美国21天的考察学习中，我参观了许多教室图书角、学校图书馆，还参观了布瑞斯托的社区图书馆。我对此有很深的印象。

1. 学校教室内的图书角

学生选取要阅读的书籍

在康州的中小学，小学一至五年级的学生有固定教室，由一名教师负责全部课程，这名教师就在教室内办公。从小学六年级直到高中毕业基本都实行走班制，学生上什么课就到什么教室，学科教师在教室内办公。就是说，不管小学、初中还是高中，每个教室都有教师在里面办公。这是美国中小学的一个特点。我参观过两所小学——比彻路小学和常春藤附属小学，一所初中——布瑞斯托东北初中，两所高中——布瑞斯托东方高中和布瑞斯托中部高中。这些学校的每个教室都有一个共同的特点——设置了图书角，摆放着可供学生阅读的各种书籍，学生可随时阅读。

2. 学校图书馆与计算机中心

我还参观了这几所学校的图书馆，这些图书馆都和计算机中心建在一起。在比彻路小学，我听的第一节课就是学生在图书馆与计算机中心上的英语课。教师根据抽签情况，把学生分成两组：一组查找图书资料，另一组使用计算机设计知识网络图。

在布瑞斯托东方高中，进入图书馆后，首先映入眼帘的是门两侧两排用于查找资料的计算机。图书馆的中间有一些桌子，教师和学生可在这里阅览图书。最里面还有一间由 25 台计算机构成的多媒体教室，学生可在这里进行课题研究、查找资料。

学生在图书馆阅览

3. 耶鲁大学的图书馆

在耶鲁大学，我参观了两个图书馆。第一个图书馆被建造成教堂样式，里面有好多走廊，分别通向不同的图书摆放区域，最里面还有专供读者阅览的阅览室。第二个图书馆是古籍善本图书馆，大厅内展出着各国的图书，其中有我国古代的三本书——《则古昔斋算学》《钦定春秋左传读本》《日知录集释》。

4. 社区学院图书馆

在实习学校的安排下，我参观了米德尔塞克斯社区学院（Middlesex Community College）。图书馆馆长刘兰女士（北京大学图书馆系毕业）带领我参观了一番。图书馆最外面存放的是各种影音视频光盘和最近的新书，据说这种设计是为了吸引读者。接下来我看到整齐排列着的几十台高性能计算机，这是图书馆的电子图书系统。图书馆的大部分藏书都被扫描到计算机内，便于读者随时查阅。刘兰女士还打开了图书馆的网站，演示了图书检索和阅读的过程，非常方便。有意思的是，这个图书馆还有一大批装裱好的绘画作品，其中还包括天坛等中国风格和题材的作品。你可以把它们像其他图书一样借阅回家欣赏、悬挂，经过一段时间后再送回来。

学生正在阅览电子图书

可借阅的绘画作品

图书馆内还设有多个小型的会议室和媒体播放专用教室等。学生和教师可在这里组织读书沙龙、讨论会等。

5. 布瑞斯托社区图书馆

在康州教育部听说美国的社区图书馆很好，我便专门请求前去参观。我参观的是当地最大的布瑞斯托社区图书馆，它有两层楼高，存书量很大，所有书都是开架借阅的。书架之间和靠墙的位置摆放着一些沙发，也有一排排的桌椅，人们可坐在图书馆的沙发和椅子上阅读，也可将书带出图书馆，只需在一楼工作人员处办理简单手续即可。书架之间放置着一些用来查找图书检索号的计算机，也有专门用于查找资料的计算机，还有位读者在专用机器前复印着报纸资料。更人性化的是，有供儿童阅读的图书专区，这些图书放在专门的书架上，方便儿童取用。我参观时，正好有两位家长带着自己的孩子在这里读书。

布瑞斯托社区图书馆内的儿童图书专区

学生上学后即可获得一张免费的借阅卡，社区居民也可凭证件得到一张免费的借阅卡。陪同我参观的 Coloy 老师和她的儿子 Will 都是这里的忠实读者。

将要离开图书馆时，Coloy 老师向图书馆管理员介绍我是来自中国山东的优秀教师后，我得到了一本介绍图书馆历史和未来的精美的图书。

美国图书馆有以下几个特点。

第一，常态化，紧密联系课堂。这几所学校的图书馆都有一个共同的特点，就是紧密联系课堂教学，实现了图书阅览的常态化。我参观图书馆时，一个班的学生在进行关于印第安人生活状况的课题研究，另一个班的学生正在为做有关食品和营养的项目研究查找资料。总之，美国学校图书馆的利用率很高。

第二，信息化，与计算机中心联网。我参观的所有学校的图书馆都与计算机中心联网，充分发挥计算机和网络的作用，使学生能在更广阔的空间内获取所需的资料。

第三，人性化，借阅与阅览结合。在美国的图书馆，借阅和阅览有机结合在一起，不设立专门的阅览室，阅览桌和阅览所用的沙发就设立在书架的周围。

第四，广泛化，形式多样。从美国的图书馆来看，图书的形式正在悄然发生着改变，由过去的纸质图书扩展到现在的音频、视频光盘和电子图书，而且绘画作品也成了图书馆的一部分。

美国社区学院是学校教育的有效补充和延伸

山东省桓台第一中学　崔佃金

2007年11月6日，我在布瑞斯托东方高中的助理校长Daniel的引荐下，到米德尔塞克斯社区学院参观学习。我与负责“教师配备和网络教育、远程教育”的丁兰老师进行了长时间的交谈，并参观了学院的行政办公楼、三栋教学楼及其内部设施；学院图书馆馆长刘兰女士带领我参观了很有特色的图书馆。下午4点至5点，学院院长Wilfredo Nieves在他的办公室接见了我，我们进行了亲切友好的交谈。

学院的校魂是“我们的学院和我们的社区携起手来，发扬传统，因材施教，塑造未来”。

学院认为，大学教育应该面向每一个人，学院的使命是为学生提供优质的个人服务，从而让每个学生充分发挥自己的天赋。学院的教育目标是鼓励学生通过独立审慎的思考，从而加深理解、积极学习、培养道德、加强自律。全体教职工都应致力于支持学生发掘自己学业和职业潜力，这种支持是充分认识学生背景、学习能力多样性的持续过程。

学院雇用了800多名全职教师和兼任教师。它是一个动态的机构，有着较多的专业和优秀的教学质量。学院给每一个教师和学生以相等的机会，使他们都得到充分的发展。

威海第二高级技工学校和米德尔塞克斯社区学院于2003年缔结了姊妹学校友好关系，并开始了两校文化和学术的交流。Wilfredo Nieves院长和威海第二高级技工学校的院长实现了多次互访。

2007—2008学年学院开设的主要专业有Accounting（会计）、Broadcast Communications（广播通讯）、Business Administration（商业管理）、Communication Arts（沟通艺术）、Criminal Justice（刑事司法）、Early Childhood Education（早期儿童教育）、Engineering Science（工程科学）、Information Systems（信息系统）、Multimedia（多媒体）、Advertising and Sales Promotion（广告和推销）、Communications Networking（沟通网络）、Customer Service Management（客户服务管理）、Help Desk Technician（帮助台技术人员）、Multimedia Web Design & Development（多媒体网络设计与发展）、Software Developer（软件开发者）等。

学院主要有三类课程：第一类是授予学位（副学士学位）的课程，学制两年，学生获得副学士学位后可转入其他大学继续学习两年获得学士学位，这类学生约占四分之一。社区学院的学费都比较低，因此一些高中后进生往往优先选择社区学院。第二类是授予证书的职业教育课程，以就业为目的，培养半专业技术人员或半专业熟练人员，这类学生约占一半。目前，职业教育已成为社区学院鲜明的办学特色，并成为美国职业大军的生产基地。第三类是基础读写、英语和补习课程，主要有两类人参加：一是初到美国急需过语言这一关的人，往往会选择社区学院；二是需要专业培训、知识更新、个人提高的人，往往会进入社区学院学习一些能拿到证书的专业。

对于美国人来说，就业的竞争也是很激烈的，接受更多的教育和培训，就意味着有更多的就业机会，可以挣到更多的钱。所以，他们都愿意来社区学院接受更多的培训和教育，其所在的单位对这种行为也特别支持。社区学院的专业设置也就渐渐符合这些要求，为前来就读者提供定制的培训。总之，美国的社区学院是学校教育的有效补充和延伸，是美国社区教育的重要组成部分。

美国见闻

山东省潍坊高新技术开发区教育局教研室　杨淑平

我非常感谢山东省教育厅给我的这次赴美的机会，使我看到了一种不同的制度、文化、教育。虽然我是英语专业的毕业生，主修英美文学，对美国的文化有一定的了解，但“百闻不如一见”，在美国的所见所闻令我深感震撼！

1. 透视学校结构，理解“面向全体”

我一直认为，面向全体学生就是在教学中关注每个学生对知识的识记、理解和运用（内容对每个学生都是相同的）；就是在教育中不放弃任何一个学生，关注每个学生的思想动态，并动之以情，晓之以理（原则对每个学生都是相同的）；就是在活动中注重学生的个性，给每个学生自主权及发展的平台（方式对每个学生是相同的）。今天，我对此却有了新的理解：面向全体学生的教育不仅是面向每个学生的现在，还是指以每个学生的现在为基础，为每个学生的未来生活奠基的教育。

1 月 20 日，我和钟老师来到了休沙通尼克山谷地区高中（Housatonic Valley Regional High School）。接我的车直接停在了教学楼前——没有围墙，没有操场，更谈不上校园。我们问 Allan 为什么美国的学校没有围墙，他笑着问我们：“你们的学校有围墙？干什么用呢？”我们说阻止学生逃学。他边笑边说：“我们的学生无处可逃。”“并不是没有想逃学的？”“当然了。学校周围是群山、树林，学生都是坐校车上学的，家都离得很远，他们自己跑出去也是没用的。”是啊，我和钟老师看了看周围的群山与树林，会心地相视而笑。

Lisa 告诉我们，今天是他们的学年末考试日。我们不能去听课，但我们参观了各科的考场，令我们耳目一新。尔后，Lisa 带领我们参观了校园，并做了详细的解说。

师生：学校有 500 多名学生、50 多名教师。教师包括校长、固定的科目教师、帮助学生选修的导师、帮助特殊学生的教师以及帮助有困难的学生的教师（一般为助教，负责跟踪学生的课堂学习情况，课后有针对性地给学生补课）。

课程：英语、数学、社会研究（政史）是必修课，科学（物理、化学）、外语、艺术、音乐、体育与健康、电脑设计、财经教育、农业教育、技术教育（木工、钳工等）等为选修课。在九年级，科学是必修课。这些课程主要分为两大类：一类为面向职业生涯的课程，一类为面向大学入学的课程。美国学校所采用的走班制满足了不同学生的不同需求，即在结束义务教育之前，为不能进入大学的学生提供了谋求生活及发展之路，为能在学业上有所发展的学生创造了发展的最好平台。也就是说，美国的教育做到了面向全体学生的未来，既是生活教育，又是奠基教育，也不乏精英教育。

体制：教师有固定的教室，学生根据自己的课程表走班。每个学生的课程表是不同的，因为选修课存在较大差异。同时，如果学生在选修课程的学习中出现问题，由这位学生的导师和任课教师共同协商，找出解决问题的最佳方法，有必要时甚至与家长一起探讨。即使有的选修课的课堂上只有七八名学生，学校仍然为这些学生开课。

对待学习上有困难的学生：根据学科教师建议，家长指导，学生选择被帮助，向导师室提出帮助申请。

现在，总体介绍一下我对美国学校的印象。

（1）储物柜。

学生没有固定的班级，更没有班主任，学校为每个学生在走廊上准备了一个储物柜，用来存放他的学习用品及生活用品。课间，学生都到走廊的储物柜中取上课用品，一片繁忙景象。

走廊上的储物柜

学生走班

(2）教室。

学生根据自己选修的课程走班上课，教师的教室是固定的，这就使得每个教室带有浓厚的学科特色。

历史教室

历史教师上课

以上两张图分别是历史教室和历史教师上课的情形。历史教室的三面墙上张贴了有关世界各地的历史人物、历史事件的图画，大部分是学生自己画的，而正面墙上悬挂的是世界地图。在美国，历史和地理是不可分割的，各种历史事件的发生都与相应的地理位置密切相关，因此分析历史事件的成因离不开地图。后来，我们果真发现所有历史教室的黑板上方都悬挂着地图，这使得学生的心里也挂上了地图。学生的心里挂上了地图，便相当于了解了地图上各国的关系，便能较容易地分析各个事件对各国的现在及未来发展的影响，从而形成自己的观点。学生心中有世界，心中才会真正有祖国，不仅有祖国的过去，还有祖国的现在和未来。生成观点的过程比生成的观点更重要。“过程重于结果”，这是我在美国的各所学校中听到得最多的一句话，也是看到得最多的教学实例。

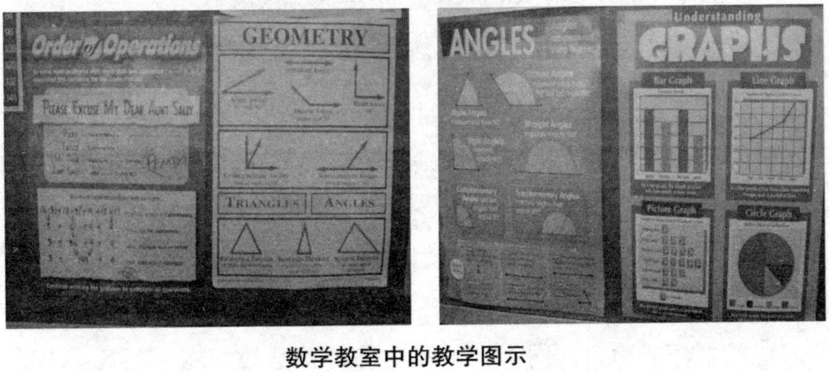

数学教室中的教学图示

以上两张图是一个数学教室墙壁上的教学图示，除了几何图形就是代数公式及口诀，学科特点极为浓厚。而且教师在教学的过程中可以随时利用这些直观的挂图提示学生，也极为方便实用。

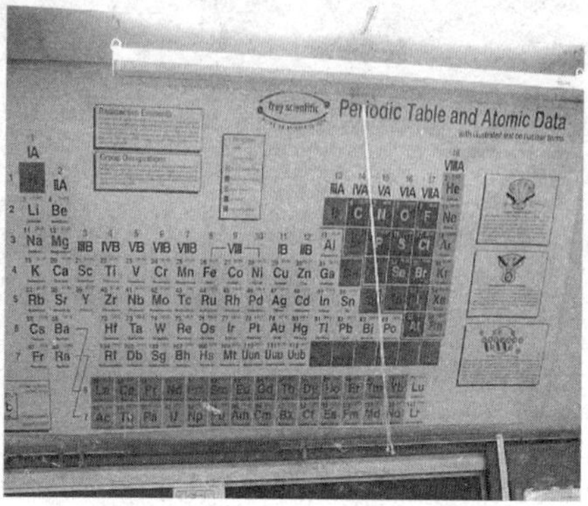

化学教室中的元素周期表

上图是一个化学教室墙壁上的元素周期表。教室周围布置的是实验台，中间是课桌椅，还有一个实验用品准备室。每个理科教师的教室同时也是实验室，理论与实践在此融为一体，学生以理论知识为基础，构思实验，动手操作探究。在这里，培养学生的动手能力绝不是一句空话。

小学阅读课教室

上图显示的是一所小学的阅读课教室。为了使学生轻松自由地听教师读故事，地面上铺着地毯，且配备了几把摇椅，学生可以自己选择听故事的位置和姿势。为了处理故事中的词汇、呈现学生就故事的寓意所提出的问题、指导写作方法等，教室里还配备了计算机和投影。为了便于学生选择要阅览的书籍或为自己的作文寻找信息，教室的四周都配备了书架，书架上堆满了各类书籍。研究性学习最需要的就是丰富的信息来源地——书籍和网络。在美国的教室里，教师都充分考虑到了这一点，为学生的研究性学习做好了铺垫。而我们的研究性学习很难落实，缺乏信息来源大概是一个很主要的因素。如何让学生在学习探究中最大化地利用学校现有的教学资源是我们应该好好思考的问题。

学生用计算机写作

上图显示的是学生在写作课教室中用计算机写作的情景。在写作课教室内，除了配备了相关读物之外，因为是用计算机写作，所以还配备了用于存放计算机的小柜子，而且所有的教室都可以无线上网。书籍和网络为研究性写作提供了必备的条件。

教师教学场所的固定带来的是我们意想不到的学科特色和教学便利。对此，我们不可能完全效仿，但能不能考虑将一些特色学科的教室固定呢？如理化生实验室设置为与授课教室一体，语文课与小型阅览室融为一体，等等。

（3）图书馆。

休沙通尼克山谷地区高中的图书馆主要包括两部分：电子图书室和文本图书室。

电子图书室

右图中显示的是学校电子图书室的一角。在这里学生正在上网收集资料，完成自己的课题研究报告。我跟一个在美国上学的泰国孩子交流了一下，他说自己对这种作业非常感兴趣，他在浏览的是“十大物理实验”的网页，以完成物理老师布置的实验报告。我咨询了他的老师：“学生在网上搜索到答案后，直接复制怎么办?”

这位教师说：“不会的，他们只是借助信息生成自己的观点。不能复制别人的观点，否则会受到惩罚的。

在美国教育中，生成自己的观点、表述自己的观点是比观点的准确性更为重要的。成为一个抄袭者是最令人不齿的事情。

文本图书室

左图是文本图书室的一角，存放的主要是文本书籍。在这里，我们看到一组学生在探讨问题。Lisa 告诉我们，他们在完成教师布置的课题研究报告，即通过大量阅读，收集信息并对这些信息进行加工处理，与同伴探讨，进而得出自己的观点，写出自己的报告。Lisa 说她非常喜欢带学生到这里来上研究性的历史课，因为图书馆为学生提供了无穷无尽的信息。研究性学习在这里是如此真实、普遍，令我们非常震撼。

（4）导师室。

导师室门牌

导师室座位排列情况

以上两张图显示的分别是学校的导师室门牌和导师室的座位排列情况。导师的职责是辅助学生选择选修课，为学生的选择做正确的指导，同时调控各门选修课的人数，根据学生的选修情况安排每个学生和教师的课程表。在美国，因为学校有很多不同的选修课且学生可以自主选择，所以几乎没有两个学生的课程表是相同的。同时，十二年级的学生为了选择适合自己的大学，也往往会向导师征求建议，家长也可以前来咨询。

右图中显示的是悬挂在导师室墙壁上的星星卡片。上面写的是一个学生对自己未来所上大学的规划，包括三所大学，请导师指导自己进行选择。职业选择规划室是导师室的重要组成部分。在这里，希望上大学的学生可以得到自己所要选择的大学的信息，想要开始工作的学生也可以根据自己所学的选修课，得到相关的职业指导。

悬挂在导师室墙壁上的星星卡片

“所学课程决定就业出路”在美国学校是实实在在的，而绝不是一句空话而已。“Learn to live，choose how to live”（学会生活，选择如何生活）是学校一份不可推卸的责任。我们在中学所倡导开设的“职业指导与人生规划课程”的目标恰恰与此如出一辙，但如何落实这一课程才能真正有助于学生今后的发展，还是有待我们进一步研究和思考的问题。

职业选择规划室中的大学信息类书籍

职业选择规划室里摆放了许多书架，书架上的书基本上分为两类：一是各大学的信息，供学生参考选择自己所要上的大学（见左图）；二是各种选修课及与之对应的职业，供打算就业的学生根据自己所学的课程选择适合自己的职业。

在此我思考的问题是“为什么要研究得如此细致”。“为了学生未来的生活”，这应该就是答案吧。

导师室里还有一个重要组成部分，也是最引人注目的部分，那就是残障学生导引室。学校为残障学生配备了专门的助教，以便在课上、课后帮助他们。

残障学生导引室中的标语

残障学生导引室中的海报

以上两张图显示的分别是残障学生导引室中的标语和海报。“Life is all about how you view it”的意思是“生命的关键在于你如何看待它”，引导学生学会尊重、学会自信、学会理解生命的意义与价值。海报的含义是探索生命的种种可能性，尊重生命个性在这里得到了真正的体现。同时，我们发现，残障学生都在普通班就读，与身体健康的学生一起学习。而且学校为每个残障学生都配备了一名助教，以便专门帮助他们。

这才是面向全体学生的含义之所在——自主选修，成就生命个性；职业引导，课程决定职业；残障学生，探索生命可能。

（5）实践活动区。

实践活动区包含计算机设计室、手工室、电影制作室、农业区（动物饲养室、植物种植室）、音乐厅等几个主要部分。这是学校课程多样化的表现。

计算机设计室

学生的计算机设计作品

以上两张图显示的是计算机设计室及学生的计算机设计作品。在这里，学生不仅锻炼了用计算机绘画的技能，也培养了创意思维。

下面我主要介绍一下学校的农业课程。农业课程主要包括三部分：植物种植、动物饲养、农机的使用与维修。学校的课程主管告诉我，他们的农业课程培养目标有三类：农民、农业课教师、农业领袖。“三百六十行，行行出状元”，关注学生个性，为生活而教育，为实现自我价值而教育，这是学校的最大追求。

一名农业课程毕业生

右图中显示的是学校的一名农业课程毕业生，他大学毕业后来到学校实习，准备成为一名农业课教师。他担任了我们此次农业课程实践基地的导游。他说，在这里他不仅学到了如何种植植物、饲养动物，也学到了如何将产品转化为价值，为以后的升学、就业奠定了基础。

花房

左图中显示的是学校的花房。学生在这里学习如何播种、如何浇水，了解各种植物的习性和培育方法。在实践中，他们加深了对理论的学习和应用。

以下两张图为学生正在上木工课和钳工课。木工课上，教师教学生如何使用木工工具加工产品。钳工课上，教师教学生如何使用钳工工具加工金属制品。这两节课是我听的所有课当中学生秩序最好的。

木工课

钳工课

在这两种课中，安全是第一位的。在美国的课堂上，尊重生命安全的意识体现得淋漓尽致。无论是在木工课、钳工课上还是在实验课上，防护眼镜是必不可少的装备。安全也是学校校训中最基本的一条。

我国目前的中学教学面临着一个很大的问题，就是三分之一的学生面临中考或高考既没有希望，面向又没有任何职业意识。这些学生在学校里彷徨，徒然荒废光阴。也有的学生顺应教育潮流，分流到技术学校、职业学校，然而在选择前没有对各项专业技术的任何认识，如自己的特长是什么、与哪种专业技术相适应、自己以后想从事哪个行业等，因此往往盲目地进行选择。还有的学生甚至辍学在家，离开学校后只能从零开始，因为在学校里所学的东西毫无用处。看了美国的农业课、木工课、钳工课后，我感触颇深：我们是不是应该按学生所需，根据自愿的原则，依托选修的方式，多为学生提供实践活动课程（如农业课、木工课、钳工课、缝纫课、维修课等），让他们了解自己更适合做什么，构建自己和职业的关系，从而有依据地选择自己未来的职业呢？我曾与其他人做过交流，有人说，中国学校没有实践场所。那么，与技术学校、职业学校等联合是否可行呢？学校负责文化科目的教学，技术学校、职业学校负责实践与技术课程的教授，从而让学生确立自己的发展方向，增加选择机会。我认为，面向每个学生未来生活的教育才是真正有价值的教育，才是我们应该倡导的生活教育。

（6）校训。

休沙通尼克山谷地区高中的校训是 respectful（尊重）、responsible（责任）、safe（安全）。我们在生活中、课堂上处处感受到了这一点。

① 安全第一，尊重生命。

在华盛顿的大街上，我们随处可见小松鼠在小路上蹦蹦跳跳、在树底下觅食。有水的地方常能看到成群的海鸥。一群又一群的鸽子常停驻在路边的草坪上。

随处可见的鸽子

在美国过马路时，所有的车都会礼让行人。

是教育提高了民族素质，还是社会意识影响了学校教育呢？两者兼而有之，相辅相成！

② 价值与责任共生。

美国人认为，无论你是健康的还是有缺陷的，无论你从事何种工作，创造价值是最重要的。正是这种观念使得学校的各种课程都会成为学生将来的谋生工具，同时成为体现个人价值的平台。Lisa 的大儿子名为 Robert，16 岁，读九年级，擅长滑雪，每个周末他都到一家滑雪场去做教练。这个周末，他高兴地告诉大家他多赚了 10 美元的小费。自己基本能养活自己就是他最大的骄傲。每个下午，他都要到一个俱乐部学习网球，每天晚上作业做到很晚。他说，自己做更多的事情才能更好地帮助自己，也能给别人带来方便。

在哈佛大学，我们看到一位残疾学生自己推着轮椅在校园里行走。残疾人也可以就读哈佛大学，这本身就是对个体生命价值的尊重。他到了一个转弯处，立刻有一个学生走过去帮助他，其他人看了他们一眼，没有任何表情，就走开了。我们问导游，导游说这很自然，有人帮助他了，别人便没有参与的必要，无论什么时候他需要帮助，都会很自然地有人帮助他，但绝不会有任何人围观。自然原来就是一种至高的尊重啊！我们的大街上如果出现一个残疾人，会怎么样呢？我们成人会怎么做，我们的孩子又会怎么做？如果我们成人如他们一般，说明我们的素质确实有很大提高；如果我们的孩子如他们一般，说明我们的社会是大有希望的。我想，我们的教师、家长至少要让孩子知道，帮助别人是生命价值最基础的部分。

2. 透视考试方式，对比教学定位

我们到达学校的时间恰逢学年末考试，因此我们很幸运地目睹了他们的整个考试过程，从而为我们深入了解美国的教育做了一个很好的铺垫，使我们的整个学习过程有了一个好的开端。好的开端就是成功的一半，这是一个令人备感新鲜的开端，也是一个令人备感震撼的开端。

我们首先接触到的是历史试卷，历史教师 Peter 正在批阅笔答题。我们提出要看一份试卷，他欣然同意，并热情地回答了我们提出的问题。

这份试卷共包括 20 道连线题（每道 1 分）、20 道判断正误题（每道 1 分）、50 道单项选择题（每道 1 分）、5 道识图题（每道 7 分），5 道简答题（每道 7 分）和一篇论文（40 分），共 200 分，要求学生在 2 个小时内完成。下图是选择题答题卡，和我们所使用的基本一样。

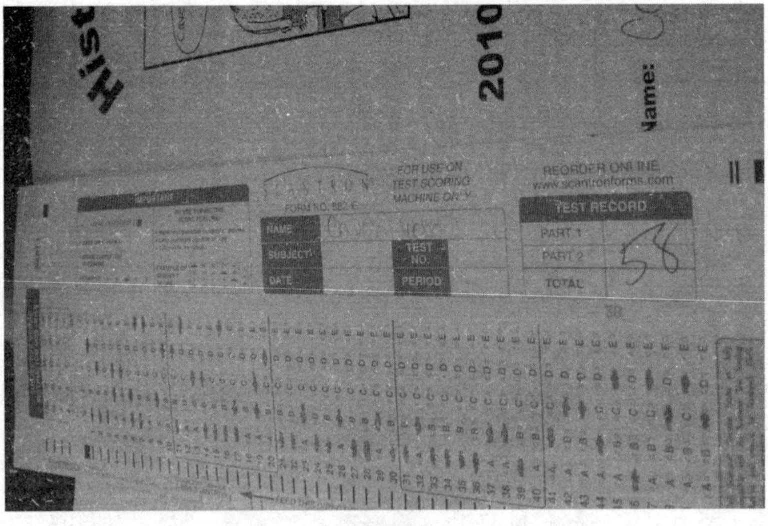

选择题答题卡

整张试卷给我们的感觉就是和我们的历史试卷并没有很大的区别。唯一不同的就是最后一道题——选择话题写一篇论文，这是完全基于史实的生成性题目。Peter 老师告诉我们，论文题之外的题的生成性并不是很强，因为在学生的笔记中都能找到答案。但论文是完全基于知识理解的，学生要写出自己对历史与现实的看法及观点。学生写论文有专门的答题本，上交后由教师批阅。

论文题为从以下四个话题中任选一个。

(1) 识别并解释文明的特征。我们所学过的每一项人类文明，对美国社会的影响是什么?

(2) 埃及人最主要的成就是什么? 这些成就对我们今天的生活有什么影响?

(3) 描述雅典文明，提供来自课堂讨论的详细例子或你自己阅读过的材料支持你的陈述。

(4)《伊利亚特》一书的历史基础是什么? 这本书为希腊文明和人类自然提供了哪些深刻见解? 你认为我为什么选择这本书作为你们夏季阅读的作业?

Peter老师说，历史造就了现实，所以要让学生通过历史洞察现实，生成自己的观点。

至此，我突然明白我进门前看到的历史教研室标牌为什么不是“history (历史)”而是“social studies (社会研究)”了。在美国的公立学校中，历史是社会研究的一部分，而不是独立的学科。

让学生通过历史洞察现实，从而生成优化实践、改变现实的观点和方法，这是不是美国教育培养学生批判性思维的一部分呢?

Lisa说要带我们参观一下学校，我们很高兴又充满期待地跟着她把每个教室都参观了一圈。

我们看到了一位女同学正在进行历史考试的第二部分——自我陈述历史观点（见右图）。

自我陈述历史观点

教师给学生出的考试题目是描绘一次战争。教师提前一周布置考试题目，学生从本学年所学过的战争中选择自己感触最深的一次，并画出此次战争的战场图，充分利用各种资源查阅资料，阐述自己对战争的理解，以及对此次战争的看法、观点甚至是自己如果是战争首领将采取的措施。这不仅考查了学生对此次战争的理解，而且让学生生成了自己的观点，同时培养了学生收集信息、处理信息、整合信息的能力。学生画战场图（见下图），写成战争报告，并在全班同学面前演讲，由全班同学评价，教师对学生的口头表述进行评价后，再对学生的战争报告及战场图进行书面评价，给出分数和等级。

学生画的战场图

在这种考试方式的引导下，长此以往，美国学生不仅个个会成为演讲家，而且个个都会通过学习历史，具备一定的军事分析能力、政治事件分析能力等。那么，美国的整体国民素质会是什么样子便可想而知了。考试所展现的就是一个国家的教育水平啊！

对于这种现象，很多人可能会说，美国是小班化教学，我们每个班有几十个人，哪有时间进行这样的考试？我也在不断地思考这个问题：在全班同学面前演讲，几十个人需要多少节课呢？那么，我们是否可以采用分组协作的方式制作历史图示，并以小组为单位参加口头考试呢？

If you can dream it，you can do it!（只要你能想到，你就一定能做到!）

3. 透视课堂教学，感悟研究性学习

（1）观历史教参，看美国的育人理念。

① 批判性思维。

一打开历史教参，我就被“critical thinking”（批判性思维）这个词吸引了。关注批判性思维的形成、倡导批判性思维的培养在整个历史教参中被放在了首要的位置（见下图）。在以后观课的过程中，我也深深感受到了“自由的思想、批判的思维”在美国的历史教学中早已是一种课堂文化了。

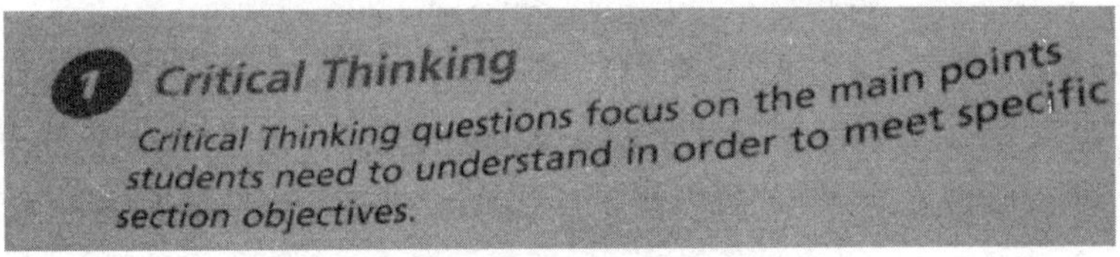
1 Critical Thinking
Critical Thinking questions focus on the main points students need to understand in order to meet specific section objectives.

历史教参中的“批判性思维”

② 目标分层。

根据学生不同的能力、特点进行学习过程分层，从而达到目标分层。

美国的选修课方式，决定了教学的走班形式，与这种走班形式相生的就是他们的分层教学。不是根据学生的年龄，而是完全根据学生自己的选择，打破了年级界限，形成了学科班级。历史教参充分考虑到学生的个性化特点，对不同层次的学生提出了不同的分层目标（见下图）。

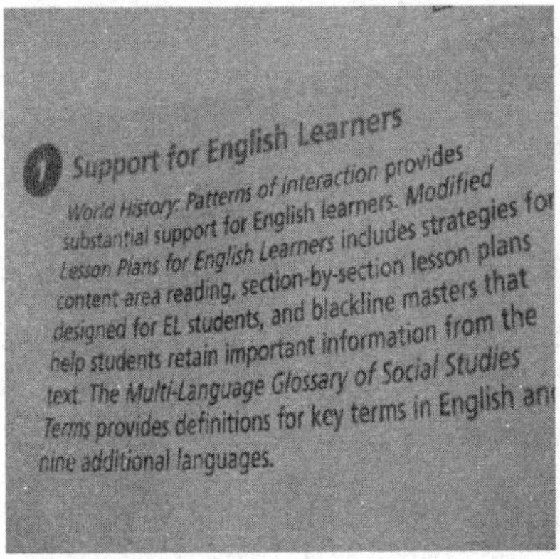
1 Support for English Learners
World History: Patterns of Interaction provides substantial support for English learners. Modified Lesson Plans for English Learners includes strategies for content-area reading, section-by-section lesson plans designed for EL students, and blackline masters that help students retain important information from the text. The Multi-Language Glossary of Social Studies Terms provides definitions for key terms in English an nine additional languages.

2 Support for Struggling Read
The Reading Study Guide provides chap written below grade level and definition terms. Accompanying comprehension que students focus on the main ideas in each Reading Study Guide on audio CD reache who respond to auditory learning opport
Chapters in Brief give students immediate content with a 3-page summary for each

历史教参中的“目标分层”

③ 阅读策略。

阅读策略是学习的中心技能。历史教参中对阅读策略也给出了较详细的阐述（见下页图）。

如何利用积极的阅读策略呢？如尽量将人物、地点、事件具体为图片、地图和其他形象的东西；构建词汇群，利用熟悉词汇理解生僻字的意义；等等。

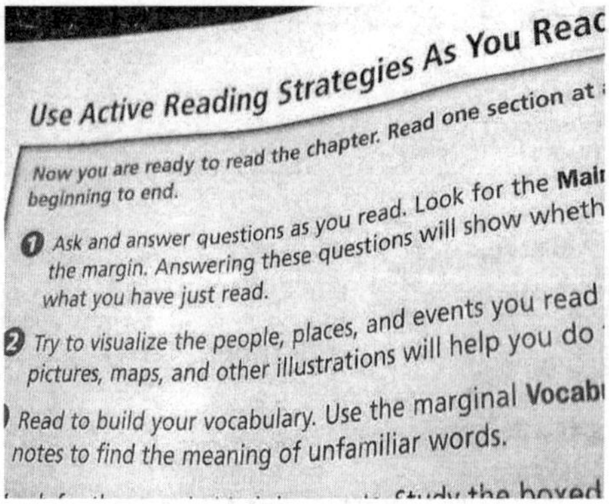
Use Active Reading Strategies As You Reac

Now you are ready to read the chapter. Read one section at
beginning to end.

1 Ask and answer questions as you read. Look for the Mai
the margin. Answering these questions will show wheth
what you have just read.

2 Try to visualize the people, places, and events you read
pictures, maps, and other illustrations will help you do

Read to build your vocabulary. Use the marginal Vocab
notes to find the meaning of unfamiliar words.

历史教参中的“阅读策略”

④ 地理主题

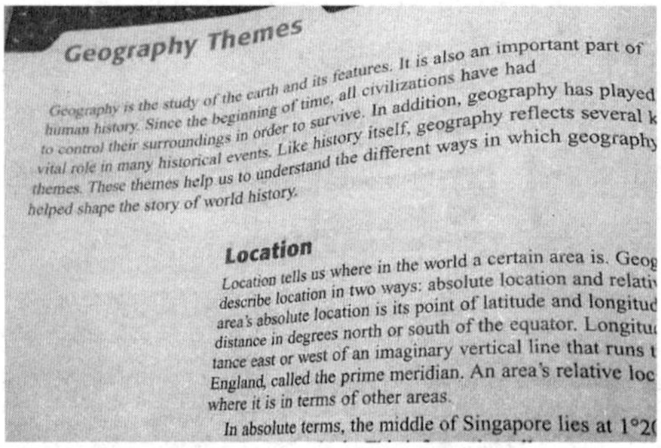
Geography Themes

Geography is the study of the earth and its features. It is also an important part of human history. Since the beginning of time, all civilizations have had to control their surroundings in order to survive. In addition, geography has played a vital role in many historical events. Like history itself, geography reflects several k themes. These themes help us to understand the different ways in which geography helped shape the story of world history.

Location

Location tells us where in the world a certain area is. Geog describe location in two ways: absolute location and relativ area's absolute location is its point of latitude and longitud distance in degrees north or south of the equator. Longitu tance east or west of an imaginary vertical line that runs t England, called the prime meridian. An area's relative loc where it is in terms of other areas.

In absolute terms, the middle of Singapore lies at 1°2

历史教参中的“地理主题”

左图是历史教参中有关地理主题的图片。地理是对地球及其特点的研究，也是人类历史的重要组成部分。因为自人类文明开始之日起，所有文明为了自身的衍生不得不控制自己周围的环境。除此之外，地理在许多历史事件中也扮演了决策性的角色。

总之，基于学生原有的知识经验，依托学生的阅读技能，充分利用网络资源，实现学生的研究性学习，提高学生的学习能力是我对美国历史教参的整体印象；思维与技能并存、能力与策略并存、价值与责任并存是我对美国历史教参的评价。

（2）观历史课堂，看美国的教学理念。

1月22日是学校新学年的第一天，Lisa告诉我们这一天所有教师的课都是30分钟，主要是解决教学内容的衔接、教学方式的变化等问题，并提出新学年的一些要求。我们有幸听了Lisa上的一节课。了解学生对将要学习的内容已经具备了哪些认识，是这节课的目标。通过观课我们知道了，他们将要学习的内容是有关中东地区的局势。

环节一：运用地图，依托交流，呈现新知。

完成例行的程序（起立、向国旗宣誓、宣布学校通知、点名）之后，

Lisa 的历史课堂

Lisa 询问学生前一天在家做了什么，学生热烈讨论，自由交流。然后 Lisa 将我们隆重推出，并进行了介绍。当介绍到我们来自中国时，她随手拉下了黑板上方的地图，找到了中国的位置，从而导入亚洲。Lisa 问学生还知道亚洲的哪些国家，学生边说，Lisa 边在地图上寻找并指出。接着，Lisa 又问中东地区包括哪些国家，学生纷纷回答，不一会儿，中东各个国家的名字便都列在了黑板上，中东地区的版图也逐一展现。

在这个环节，教师借助地图，通过问题步步引导，注意呈现中东各国的地理位置，使学生知道它们之间的关系，并分析这种关系形成的原因。地图在历史教学中原来如此重要！这是我在这堂课中最深刻的感受。教师轻松自然地提出有关各个国家的事件，学生发表自己的见解，其间，地图起到了明显的指示作用，但教师用得甚为自然，对什么都没有过多地渲染，更没有所谓的高潮。这种自然的课堂，是不是就是我们所追求的“大象无形”的境界呢？学生与学生之间、学生与教师之间的观点不断发生碰撞，时而出现所有学生与一位学生争辩、一位或多位学生与教师争辩的情景，但一切都进行得十分自然，没有一个人会面红耳赤。原来不同观点之间的沟通也可以如此自然、诚挚。我所看到的是美国的历史教师既是政论家，也是引导者；美国的学生既是自由言论者、批判性思维的拥有者，也是最具口才的学生。

环节二：依托地图，随堂测试，自我巩固。

接着 Lisa 出示了一幅中东地图，要求学生在地图上填出国家的名字。如果刚才积极参与了看图讨论的过程的话，仅仅凭借记忆，学生大概只能填出三分之二的内容。但没有一个学生去查阅地图，而是都在积极地在大脑中搜索。在这个过程中，学生自然地形成互助小组进行讨论，可见，互助学习已成为他们的一种习惯。

这不只是一个反馈测试，而是一个主动思维、自测自评、自然合作、探究学习的过程。遇到解决不了的问题时，学生便向教师请教，这时便又成了课堂气氛最热烈的时段。借助地图，获得答案，源于自然，是我对这个环节的评价。

环节三：依托地图，完成作业，拓展延伸。

在地图上找出中东各个国家的位置，并说出它们的特点，这是本课的作业。课后通过阅读或查阅资料了解这些国家的特点，这是对所学知识的延伸，也是对下节课知识的铺垫。

美国的历史课堂关注的是学生针对事件的观点是什么，而我们关注的则是教师教了什么。

自然讨论—自由思考—自然探究—自由发言—自然生成—自然地得出自己的结论，这是本节课的流程。批判性思维的培养、个体思想的生成、自由的发言造就的是什么样的学生呢？会思考、会分析、会结论、会表达的学生。

但美国学生对历史事件发生的时间、地点等知识性问题记得很差，如果你能脱口说出某个历史事件发生的时间，大多数学生都会发出惊呼声。即使是教师，也很难脱口而出，他们常说的话是“我去查查”。

（3）观英语阅读课，看研究性学习。

今天，我们参观了一所只有94人的学校，却涵盖了从小学一年级到八年级。学校规模小，同年级的学生数量少，学生各方面的交流合作可能会受到影响，学生思想意识的传播可能会受到限制，但这所学校是一所家长非常满意的学校。今天，我们在这儿看到了一种新型的教学模式——non-fiction reading（非小说类文学作品阅读），他们采用茶社式交流，强调思想共享。这种阅读课既让水平相当的几个年级的学生融合起来，扩大了交流范围，克服了学校规模小所造成的障碍，又实现了思想从共享到融合的交流阅读目的，让学生学会读书、学会交流、学会思想。

① 读什么。

学生要根据教师所提供的主题，寻找自己喜欢读的书。一周有五节阅读课，其中的三节课由教师指导读书技巧，处理相关词汇；另外两节课为

non-fiction reading 课。在这种阅读课上，学生不读书，而是交流本周自己所读的书籍。大部分的书要靠学生课后读。读书，是美国学生的好习惯，也是比重最大的作业。

右图呈现的是一个学生一周所读的 6 本书，包括《沉默的恐惧》《贫穷》《孩子的权力》《我们的世界》等。其中名为《贫穷》的书的封面为中国劳工的工作情景。钟老师对此向美国学生做了解释，说这已经不是中国现在的情形，并告诉他们现在的中国是什么样子的。这些书倡导学生帮助生活有困难的人，使学生了解到世界上有很多人生活在贫穷之中，以及自己应该为这些人做什么。阅读课堂同时成了思想教育的基地，而且可以通过交流共享来传播这些思想。

学生一周读的 6 本书

② 怎样读。

学生根据自己的理解为本书内容构建框架，为自己在小组中的交流发言做好内容上的准备。

以下四张图显示了构建一本书的完整框架的步骤。

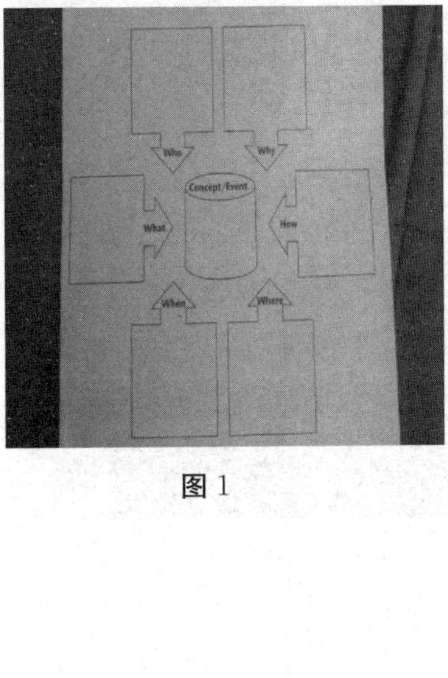

图 1

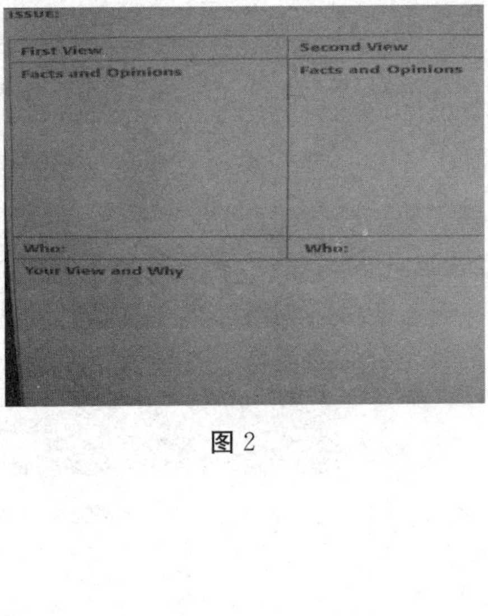

图 2

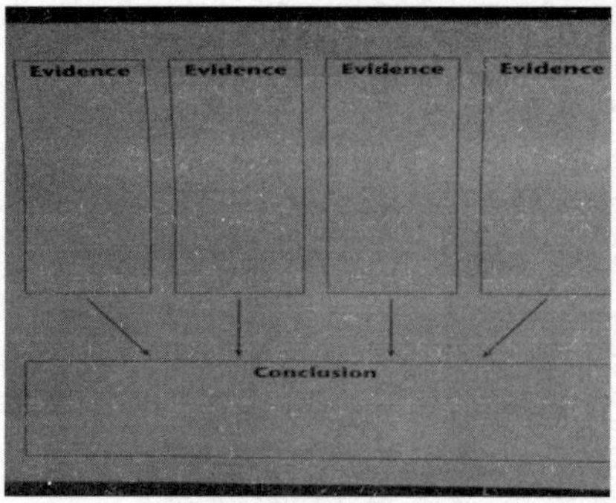

图 3

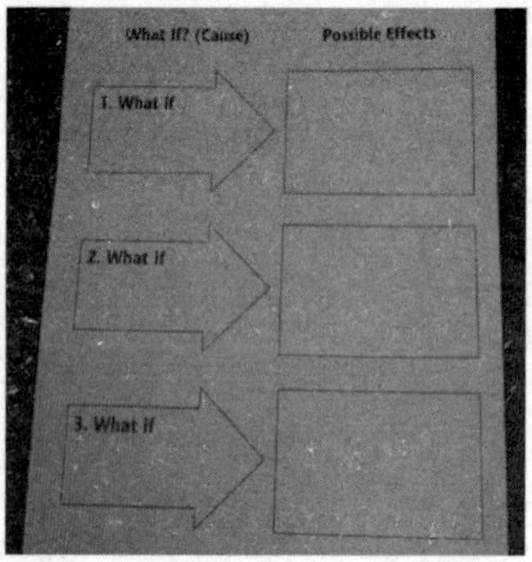

图 4

图 1：罗列本书的事件、人物、原因、过程、时间、地点。图 2：陈述自己对本书的观点，需要从正、反两个方面来说明。图 3：支持观点的证据罗列及结论。图 4：根据书的内容，提出三个不同的假设并预测结果。在这个任务型阅读的过程中，学生通过构建内容框架，对书的内容做了全面了解；通过陈述观点、提出假设、预测结果，生成自己的反面观点，以训练自己的批判性思维。此外，培养学生的归纳能力、处理信息的能力及发散思维贯穿在完成阅读任务的整个过程中。

③ 做好书签。

根据每本书的构架、内容，学生做好自己的个性化书签，为 non-fiction reading 课中的交流发言做好提纲。这些书签图文并茂，极富个性化。交流完毕后，学生可以相互赠送书签，共享内容的同时，还能共享书签的制作方式，做到成果共享。下图是学生制作的个性化书签。

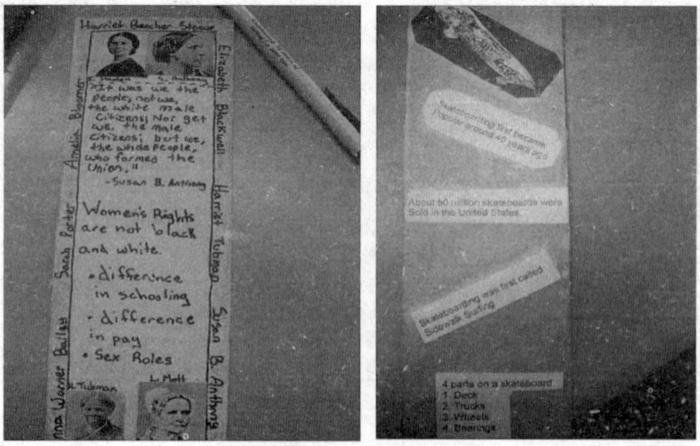

学生制作的个性化书签

④ 交流共享。

在交流共享的第一阶段，学生进入一间教室，自行组成小组，根据自制书签，对自己所读的书进行交流发言，并对别人的发言发表自己的见解。小组内有一名主持人，安排组员的交流顺序，并做总结性的发言。因为学生来自不同的年级，往往会出现高年级学生滔滔不绝、低年级学生较少发言的现象，这时候主持人会及时调控每个人的发言机会。如此，不仅实现了思想共享，而且实现了不同年龄段学生之间的互相影响与协作，更有助于学生形成换位思考的习惯。小组交流完后，自行解散，到第二间教室开始第二阶段的交流。交流形式与第一阶段相同，但小组的成员不同。如此一来，便扩大了交流共享的范围。我计算了一下，如果一个学生一周读 3 本书（学校的最低要求），一个小组有 5 人，那么本节课一个学生至少多了解了 12 本书的内容及其他 4 个人对这些书的看法和观点，这就是一个学生的收获。“你有一个苹果，我有一个苹果，互相交换，各自得到一个苹果；你有一种思想，我有一种思想，互相交换，各自得到两种思想。”在这儿，我深深领悟了这个道理。这种阅读课强调的就是共享，虽然没有书，但每个人的大脑里都有书和对书的想法，学生是在互相阅读对方头脑里的书。

如果说“实现思想共享”是 non-fiction reading 的主旨的话，“把读的说出来，学会表达”便是它对学生个体产生的直接影响。在美国，无论在哪个学科的课堂上，学生自由表达的权利都展现得淋漓尽致。文科课堂上的思想交流、理科课堂上的实验报告，不只要写出来，而且要说出来；是根据提纲说出来，而不是简单机械地读出来。美国人的口才大概就是这样练就的吧！自由、洒脱、大胆地表达自己是我对美国学生的印象，是否让学生自由、洒脱、大胆地表达自己也是美国课堂与我国课堂的最大不同。美国学生说的完全是自己所想的，而我国学生说的完全是教师想要的。思考、交流的过程，能力的提高是美国教学的主旨；而得出结果、记住结果是我国教学的主旨。

⑤ 方法指导。

进入阅读课教师的教室，我们发现墙上贴满了关于阅读方法指导的纸条。

如何教学生理解自己所读的东西?

我们最大的感受是美国教师在教学生“做什么”和“怎么做”。我们呢?则教学生“记什么”和“怎么记”。

我想，他们的这种阅读方法可不可以糅合在我们的语文、英语阅读课教学中呢?

我与这位阅读课教师交流了好久，被她对学生的情怀所感染：为了发展学生，她可以倾尽所能。对于阅读内容框架的设计，她就各类书籍做了十几套之多。同时她还是一位社会研究（政史）教师。她说，阅读是学习社会研究的最佳途径之一，书籍只是阅读的材料，是为了发现信息的，不是用来完成的。那么，大家可以试想一下：基于书籍，依托阅读技能教社会研究科目是不是一种好办法呢?

确立所研究的主题—围绕主题搜寻阅读书目（包括教材，他们的教材只是提供史实的工具书）—围绕主题，罗列史实，构建观点，形成报告—交流共享，这不恰恰就是一个完整的研究性学习的过程吗?

我曾经在一所美国城镇学校里听过一节八年级的英语写作课。这位写作课教师的教室四周全是摆满了各类书籍的书架，中间有一个计算机储藏柜。从布置就可以知道，这一定是个运用研究性学习模式的、采用计算机写作的教室。本节课流程如下：

教师确定话题：有关学校的任何话题。

学生自选话题：如学校中的餐饮、健康、教师、课堂、学校事件等。(学生根据自己熟悉的人和事自由选择，具备很强的选择性和可操作性)

学生制订写作计划：列出文章的基本构架，包括大部分、大部分下的小部分、小部分下的细节等。学生可以用文字，也可以用图示。这个过程共分三步。第一步：采访朋友或同学，获取所需信息；第二步：进行研究性学习，从自己能找到的材料中获取信息；第三步：整合信息，形成文章的基本构架。

写文章：用计算机现场写作文。

改文章：教师评改后，对不满意的地方进行修改，一般改2～3遍，形成自己的最终文章。

保存：将整个探究性写作的过程性材料封装，每人一个材料袋，记录作文进步的过程。

这种研究性学习将阅读与写作融为一体，以读带写，以读促写，以写促读，丰富了学生的知识量，提高了学生的阅读能力。

这位写作课教师告诉了我们这种写作课的特点：过程重于结果，教师正在教学生怎样做一件事情。是的，教师看重的是学生做事的过程，而不是只关注学生最终形成的作品。

也许，我此行的最大收获就是见到了实实在在的研究性学习，从而思考如何把它糅合在我的日常教学中，使我的课堂真正成为学生依托学科学习、学会终身学习的地方。

在美国的学校里，研究性学习是一种课堂文化，我听过的科学（物理、化学）、技术（木工、钳工、农业）课堂，均为此类。学生从容自如的表现，以及动手实践的能力、形成报告的能力、公开报告的能力都令我咋舌。

透视学校结构，理解“面向全体”；透视考试方式，对比教学定位；透视课堂教学，感悟研究性学习。这是我对美国教育的一点感悟。同时我相信，在今后日常的管理工作、教学工作中，在遇到问题时、在实践自己的想法时，这次旅程的某些经历一定会给我意想不到的新启发。我也会在实践中理智地判断我的所见所闻、所思所想应该如何与自己的教育教学工作相融合，以切实提高自己的水平，促进学生的全面发展。

后　记

教育的智慧，必定在实施的积累与升华中产生，而事实，只能通过扩大无知的边界获得。因此，其他国家尤其是美国教育界已经发生的、正在发生的，是我们思考教育问题不可缺少的参照。

山东省教育厅巡视员张志勇说："任何教育现象都可从它赖以存在的社会中找到根源，都打上了这个民族的文化传统和文化特征。我们谈美国教育，不能不看到它背后所蕴藏的美国文化。只有如此，我们才能更深刻地把握美国教育的特质，才能更准确地找到借鉴美国教育、推动我国教育改革的有效路径。"

我于 2010 年 1 月初次到美国，于 2014 年第二次赴美。如今，每每翻看自己的访美日记、发表的相关文章和照片，或者读到有关美国教育的内容时，总有一种冲动，想把这些内容整理出来集结成册。回想这些年来的经历，我深深地感到我们伟大的祖国发生了日新月异的变化。比如，学校开始实施的选课走班、生涯规划指导（学生发展指导）、校车的使用管理、小班制、全纳教育、职业教育、对图书馆的重视；国民素质提升、文明出行、不在公共场所大声喧哗、处处排队等候、斑马线礼让行人；等等。这些变化使我感到异常高兴。

在全球化时代，各国面临的教育问题非常相似。如何有效调动各种教育资源，实现教育的公平与高效，对每个国家尤其是我们这个人口大国都是挑战。所以，我希望我国的各位教师和管理者能从这些事实和感受中获得启发与借鉴，然后优化自己的理念与实践。

在此，我首先要感谢我在美国的同伴、山东省青岛第二中学的副校长诸贝贝老师，她热情、睿智、真诚、开朗。每天我们几乎同时由各自的房东送到同一所学校进行活动，一起观摩课堂，一起和师生交流，一起参观，一起吃饭，一起参加学校的各项活动。我负责翻译，她进行记录，并将她所记录的内容每天下午临别前到校长室复印一份给我，以便我回家后进行整理。多亏了这些资料的积累，才有了这本书的诞生。故征得本人同意，书中引用了她的几篇文章作为我们共同的感受。其次要感谢的是山东省桓台第一中学的教务主任崔佃金老师。说起来我与他还很有渊源。他是第一期齐鲁名师建设工程人选赴美培训团中的一员，我则是第二期的一员。时隔三年，我们都住在 Lyons 校长家。他所撰写的有关布瑞斯托东方高中的情景也让我感觉非常熟悉和亲切，故征得本人同意，选用了他的七篇文章。最后要感谢的是山东省潍坊高新技术开发区教育局教研室主任杨淑平老师，她撰写的美国见闻细致入微，引人深思，故征得本人同意，也选用了她的一篇文章。感谢这三位齐鲁教师的倾情奉献，才让这本书呈现在了大家的面前。

中美社会、文化、教育的比较，中美思想观念、教育理念的碰撞，中美课堂教学形式的冲突，已经深深地影响了我。尽管有些文章对美国教育现象剖析得不够全面深刻，认识得不够到位，却是我心灵的感悟。我期待和大家一起兼容并蓄，汲取精华，以跨文化的意识和开放的态度创新教育教学模式，促进我国教育事业的发展。

江苏凤凰教育出版社
《行知工程》系列丛书目录

系列	序号	书名	作者	定价
国际教育系列	1	《美国教育面面观——一位特级教师眼中的美国教育》	邵淑红	35.00
教育求索系列	2	《怎样上好语文课——时鹏寿解析精彩课例》	时鹏寿	45.00
	3	《让书香浸润生命——时鹏寿伴你品读经典》	时鹏寿	35.00
	4	《开在手心里的花——一位优秀教师的教育情怀》	詹雪莲	40.00
	5	《学科建设与教师发展——中学数学》	杨志文	30.00
	6	《欣说教育那“一亩三分地”——一位一线教师的教育微思考》	王庆欣	30.00
	7	《爱的守望——一位一线教师对教育的坚守》	林卫红	30.00
	8	《思政教学的人文力量》	戴晓华	30.00
	9	《师道新说——给教育者的30条箴言》	徐　卫	30.00
教育思想者系列	10	《治校之道——中学名校长的办学智慧(1)》	陶继新	40.00
	11	《品鉴教育文化盛宴——陶继新序跋屯集》	陶继新	45.00
	12	《为什么而出发——一位研究者对教育本质的沉思》	齐　健	35.00
	13	《高效教学的道与术——陶继新教育讲演录》	陶继新	30.00
	14	《铸造一流教育品质——陶继新区域教育巡礼》	陶继新	35.00
	15	《名校之道——陶继新对话名校长（1）》	陶继新	30.00
	16	《名校之道——陶继新对话名校长（2）》	陶继新	35.00
	17	《教育，一切从孩子出发》	黄　俭	30.00
创新教学探索系列	18	《学生数学整体思维培养——小学数学结构化教学的探索与实施》	颜春红	45.00
	19	《基于核心素养的体育与健康校本课程建设》	赵卫新	35.00
	20	《把古文教活——激活文言文课堂的教学策略》	刘小华	35.00
	21	《做童年面前最合适的人——我和孩子们的“童化语文”》	曹丽秋	30.00
	22	《品世界名画，学精彩作文——特级教师的“名画”作文教学法》	李日芳	36.00
	23	《玩出精彩作文——张化万活动作文教学经典策略》	张化万	35.00
	24	《〈红楼梦〉里的语文课》	李日芳	30.00
	25	《让学生把母语用精彩——“语用课堂”的探索与实践》	佘小红	30.00
	26	《“备”出课堂精彩——备学式教学的课堂实践与思考》	张旭兰	30.00
	27	《神奇的阅读教室——带学生踏上美妙的阅读之旅》	李祖文	30.00
	28	《打造有生命力的课堂——“两步八环节”教学模式探索与实践》	查联智	30.00
	29	《最能培养学生探究能力的课堂——小学科学与信息技术单元整体课程实施与评价》	李怀源	30.00

系列	序号	书　名	作者	定价
创新教学探索系列	30	《最能激发学生运动天赋的课堂 ——小学体育单元整体课程实施与评价》	李怀源	30.00
	31	《最能提升学生艺术素养的课堂 ——小学艺术单元整体课程实施与评价》	李怀源	30.00
	32	《“生命语文”探索——焕发语文生命力的思考与实践》	王自成	30.00
	33	《粘连作文教学：让习作成为有个性的自我建构》	黄瑞夷	30.00
	34	《备学式教学——在体验中建构数学思维》	单广红　范雪梅	30.00
	35	《向着自主进发——自主教育的创新实施智慧》	朱亚红	30.00
创新教学探索系列	36	《写中学——让学习更有效的学科写作教学》	钟传祎	30.00
	37	《小学科学实验总动员——大科学课堂有效提升学生创新力》	江美华	30.00
	38	《小学语文单元整体课程实施与评价》	李怀源	30.00
	39	《小学英语单元整体课程实施与评价》	李怀源	30.00
	40	《小学数学单元整体课程实施与评价》	李怀源	30.00
	41	《让教学更能激发智慧——“思维碰撞”课堂的建构与实施》	程和方	30.00
教师软实力系列	42	《教师人际沟通力》	黄爱华　夏丽娟	38.00
	43	《班主任教导力》	黄爱华　戴诗银	38.00
	44	《教师执业道德力》	黄爱华　夏丽娟	38.00
精彩课堂系列	45	《基于核心素养的数学教学》	赵红婷	35.00
	46	《中学生核心写作能力培养》	陶　波	36.00
	47	《给孩子更好的数学课堂》	易增加	30.00
	48	《小学生阅读素养的提升策略》	邵巧治	35.00
	49	《从语文素养走向生命成长 ——小学语文读写课堂教学密码》	曾海玲	30.00
	50	《真实的品德课》	朱淑秀	30.00
	51	《英语课堂学习共同体——新型的师生交互学习场》	杨延从	30.00
	52	《指导自主学习——初中数学学与教的研究与实践》	刘其武	30.00
	53	《玩出精彩的课堂 ——小学低年级教与学方式转变研究》	陶红松	30.00
	54	《让生命之花自主绽放——语文个性化教学建构策略》	商德远	30.00
	55	《让学生亲历知识——主体参与下体验式学习的实施策略》	何世祥	30.00
名校系列	56	《从校本课程走向学校课程——锡山高中课程探索之路》	唐江澎等	35.00
	57	《让每个孩子都成志 ——清华附小主题阅读课程的实施探索》	窦桂梅	30.00
	58	《让每个孩子都成志 ——清华附小主题实践课程的实施探索》	窦桂梅	35.00
	59	《向着朝阳走去——清华附小合作办学实践探索》	窦桂梅	30.00
名师成长系列	60	《情怀·智慧·境界——教育名家演讲录（1）》	钟惠河　李榅琬	30.00

系列	序号	书名	作者	定价
校长领导力系列	61	《学校细节管理的执行力》	林文明　王林发	30.00
	62	《校长智慧统筹的领导力》	谢耀丰　蔡丽姗 王林发	30.00
	63	《学校持续发展的研究力》	林文智　宋佳敏 王林发	30.00
	64	《学校和谐融洽的协作力》	陈一平　郭雪莹 王林发	30.00
	65	《学校教育提升的引领力》	谢文东　关敏华 王林发	30.00
	66	《学校团队成长的学习力》	黄纪　蔡美静 王林发	30.00
校长领导力系列	67	《学校高效管理的创新力》	张旭	30.00
	68	《学校成功管理的决策力》	邱黎明	30.00
	69	《高品质学校生长要素》	王益民	30.00
	70	《校长高效教学领导力提升策略》	徐世贵　郭文智	30.00
新思维系列	71	《让后进生学习有后劲之 36 计》	严育洪	30.00
	72	《教育中的“不一定”——打破教育的 19 种思维惯式》	严育洪	30.00
教师修炼系列	73	《如何炼就课堂好声音——教师美嗓保健实用宝典》	薛建洲	30.00
	74	《与学生一起成长——90 后教师的心路反思》	王　晗	30.00
	75	《教育，爱与宽容——教师心灵礼仪修炼》	许力争	30.00
教育家核心思想系列	76	《叶圣陶论写作》	叶圣陶 著 李怀源 选编	30.00
	77	《叶圣陶谈阅读》	叶圣陶 著 李怀源 选编	30.00
	78	《多元智能理论的本土化应用》	刘治富	30.00
	79	《大教育家最具施教力的教学思想》	白刚勋	30.00
学生心理解码系列	80	《在人生的春天播种——十四岁，写给青春的一封信》	白宏宽	30.00
	81	《孩子问题行为一点通——只有好老师才知道的学生心理谜底》	严育洪	30.00
校本研修系列	82	《徜徉语文教研》	肖俊宇	35.00
	83	《校本研修资源的开发与利用》	陈朝林	30.00
	84	《校本研修与教师专业成长》	吴积军	30.00
	85	《卓越教师经典研修成长策略》	刘天宝等	30.00
	86	《特色校本课程开发范例解读》	刘永平　李秀伟 张雪梅	30.00
	87	《高效校本研修模型构建艺术》	刘素雁	30.00
	88	《走向实践的教研——中小学教育科研引领与应用》	江　敏	30.00

系列	序号	书名	作者	定价
教育管理力系列	89	《缔造唯美教育——延奎小学素质教育实施策略》	易增加	30.00
	90	《让普通学校崛起的20个细节——“生命为本”教育团队成长密码》	李其玉	30.00
	91	《“走”出教育的精彩：走动式学校管理文化构建》	罗　军	30.00
	92	《校长兵法：学校管理四十六计》	皮大鹏	30.00
班级文化系列	93	《活力班级的文化建设》	胡　珏	30.00
	94	《做幸福的班主任》	吕　丽	26.00
高效能教学系列	95	《高效能教师的10个好习惯（中学卷）》	张　瑾	30.00
	96	《让作文落地生根——提高写作实效的教学策略》	黄桂林	30.00
	97	《高效能作文教学5项修炼》	陈步华	30.00
	98	《高效能校长的10个好习惯》	张　勤	30.00
	99	《高效能教师的10个好习惯（小学卷）》	谢　英	30.00
	100	《高效能语文教学5项修炼》	王其华	30.00
新课程探索系列	101	《语文新课程的批判与重建》	葛桂斌	30.00
美国名师教学译丛	102	《美国名师游戏教学本土化应用：幼儿园》	（美）玛西娅 L. 泰特 著 胡珍　瞿菁　编译	30.00
	103	《美国名师游戏教学本土化应用：小学英语》	（美）玛西娅 L. 泰特 著 杨永华　张心影　编译	30.00
	104	《美国名师游戏教学本土化应用：小学数学》	（美）玛西娅 L. 泰特 著 谢艳红　编译	30.00
	105	《美国名师游戏教学本土化应用：小学科学》	（美）玛西娅 L. 泰特 著 刘丽萍　编译	30.00
	106	《美国名师游戏教学本土化应用：小学社会》	（美）玛西娅 L. 泰特 著 姜梅芳　编译	30.00
	107	《美国名师游戏教学本土化应用：小学音体美》	（美）玛西娅 L. 泰特 著 尹立志　编译	30.00
鲁派名师名校·教育探索者系列	108	《悦读立人——校园阅读文化体系构建策略》	杨世臣	30.00
	109	《教育智慧何处来——一位特级教师的思考手记》	付立金	30.00
	110	《和雅文化——校本课程的创新构建》	汤善香	30.00
	111	《让个性绽放精彩——学校课程体系整合与创生》	谢建伟　徐淑萍	30.00
	112	《让每个学生都幸福——最能润泽生命的学校文化建设》	谢建伟　张新喜	30.00

系列	序号	书名	作者	定价
生态化校园系列	113	《文化管理——构建生态和谐校园的必由之路》	付全新	30.00
	114	《点燃学习的激情——构建校园生态化学习型组织》	杨树岳	30.00
	115	《课改突围——构建学校生态化教学体系》	杨树岳	30.00
教育新思考系列	116	《语文教育向何处去》	王　丛	26.00
	117	《教育，就是做好普通的事》	孙志毅	27.00
	118	《走出语文的偏见——让学生体悟文本的原义》	丛智芳	30.00
	119	《让语文教学更高效——批注式阅读教学探索》	韩中凌	30.00
	120	《读写互促——探寻学以致用的语文教学》	曹　龙	30.00
	121	《跳出数学教数学——用文化融通数学教学》	马建秀	27.00
名师感悟系列	122	《让心灵伴着歌声成长——22位音乐名师的教育智慧》	陈　璞	30.00
	123	《超越自我的教师——32位名师的成长感悟》	李卫东　李秀伟	35.00
	124	《心灵的守护者——19位名班主任的教育智慧》	王晓松　曲文弘	30.00
	125	《名师感悟班主任有效工作艺术90例》	符礼科	30.00
	126	《名师感悟有效教学90例》	林高明　徐玉烟	30.00
信息化教学系列	127	《巧用白板教语文——信息技术与语文教学操作指南》	蒋丽清	30.00
	128	《跨越式实现高效课堂——信息技术与课程整合高效教学方案评析》	陈　玲　刘　禹	30.00
教师必读系列	129	《教师必学的16堂修养课》	武宏伟	30.00
	130	《教师不可不知的教学心理效应》	叶勇军	30.00
	131	《班主任不可不知的管理效应》	奚一琴	30.00
	132	《教师不可不知的教育心理效应》	孙　媛	30.00
	133	《校长不可不知的管理效应》	谢申刚　张金豹	30.00
	134	《成为好教师的7项修炼》	王福强　李维华	30.00
	135	《如何让学生会学习》	龙　冰	30.00
	136	《如何让学生爱学习》	周震宇　许小燕	30.00
核心教学主张系列	137	《新生代语文名师核心教学主张》	许友兰	30.00
行思讲坛系列	138	《灵动而朴素地教语文——潘文彬的微格教育生活》	潘文彬	30.00
	139	《师爱无疆——润泽学生心灵的教育故事》	侯忠彦	30.00
	140	《怎样反思更有效——促进教师专业发展的反思策略》	诸贝贝	30.00

系列	序号	书　　　名	作者	定价
行思讲坛系列	141	《成为高度自觉的教育者 ——写给后课标时代的数学教师》	许卫兵	30.00
	142	《哲思数学课》	刘全祥	30.00
	143	《智慧数学课——黄爱华教学思维的实践策略》	黄爱华	30.00
	144	《童趣数学课》	徐　芳	30.00
	145	《把学生教聪明》	严育洪	30.00
	146	《教师最应该规避的教育误区》	杨坤道	30.00
	147	《用语文的方式教语文 ——潘文彬教学主张与实践智慧》	潘文彬	30.00
	148	《怎样让阅读教学更有效 ——提升教学能力的十种读诵模式》	汪秀梅	28.00
	149	《让生命在润泽中起舞 ——当代小学生最需要的主题班会》	吴联星　罗　琳 冯卫东	30.00
	150	《让生命欢快拔节 ——当代中学生最需要的主题班会》	冯卫东　吴联星	30.00
	151	《课堂因生成而精彩——高效教学的生成智慧》	张文质	30.00
	152	《回到每一个人的生命化教育 ——张文质二甲中学教育行动录》	张文质	30.00
中国教育变革之路丛书	153	《百年树人师何为——教师队伍建设困顿与出路》	将丽珠　李玉向	30.00
	154	《入园何时不再难——学前教育困惑与抉择》	曾晓东 范　昕　周　慧	30.00
	155	《三尺书桌何处寻——流动人口子女教育困难与破解》	范先佐	30.00
	156	《苦旅何以得纾解——高考改革困境与突破》	郑若玲	30.00
	157	《择校纠结何时了——择校问题困局与治理》	曾晓东　周文海 曾娅琴	30.00
创新教学思想系列	158	《“大问题”教学的形与神》	黄爱华　张文质	30.00
教育漫笔系列	159	《课堂，诗意地栖居》	吴书华	30.00
教学提升系列	160	《有思想地教阅读——让学生学会品读文字真意》	王学东	30.00

系列	序号	书名	作者	定价
教育艺术提升系列	161	《藏在师生体态语言里的教学智慧》	张 宇 廖生波	30.00
教学全手册系列	162	《小学习作教学全手册》	郭家海	30.00
	163	《中学写作教学全手册》	郭家海	30.00
	164	《情境教学操作全手册》	冯卫东	35.00
	165	《合作教学操作全手册》	李春华	35.00
	166	《探究教学操作全手册》	周新桂	35.00
	167	《自主教学操作全手册》	诸葛彪	35.00
	168	《创新教学操作全手册》	王 玮	35.00
	169	《班主任工作全手册》	刘沛华	35.00
	170	《新教师工作全手册》	周震宇	35.00
	171	《学生心理健康教育全手册》	刘海莉 刘春杰	35.00
	172	《高效教学操作全手册》	马友平	35.00
创新人才培养系列	173	《创新人才培养校园科普精品课程开发与指导 ——人大附中创新人才培养》	罗 滨	30.00
	174	《创新人才培养特色校本课程开发与创新人才培养 ——清华附中“国际安全下的科学技术”课程构建与实施》	王殿军 方 研 赵宏雁	30.00
	175	《创新人才培养：学校实验室建设与管理》	刘克文 杨发丽 杨 平	30.00
	176	《创新人才培养：数学探究活动开发与指导》	马云朋 韩继伟	30.00
	177	《创新人才培养：化学研究活动开发与指导》	王 磊	30.00
	178	《创新人才培养：物理探究活动开发与指导》	廖伯琴	30.00
	179	《创新人才培养：地理探究活动开发与指导》	张建珍 陈 澄	30.00
	180	《创新人才培养：生物探究活动开发与指导》	张迎春	30.00
	181	《创新人才培养：理念探索与思维突破》	王晶莹	30.00
新生代通派名师系列	182	《简约数学教学》	许卫兵	30.00
	183	《语文教学的本真——情意课堂展现母语之美》	吴建英	30.00
	184	《语文课堂的理想追求——欢快达成三维目标》	董一红	30.00
	185	《阅读教学的真髓——意象构建读出文学的真美》	祝 禧	30.00

系列	序号	书名	作者	定价
新生代名师通派系列	186	《美术教育的真谛——审美人生教育让生命绚丽成长》	陈铁梅	30.00
	187	《语文教学的理想境界——无痕教学润泽生命》	李　凤	30.00
	188	《儿童作文的本义——嬉乐作文让儿童乐并成长着》	王笑梅	30.00
	189	《名师是怎样炼成的》	王建明　王笑君	35.00
幼师成长系列	190	《幼儿行为背后——教师如何读懂幼儿的心思》	吴亚英	30.00
	191	《最具教育力的22种幼儿教育思想》	杨　达	30.00
	192	《幼儿教师必知的安全应急措施》	杨　达	30.00
	193	《幼儿教师必备的教育技能》	李　玲	30.00
	194	《卓越园长21条幼儿园管理策略》	周　丹　江东秋	30.00